大方廣佛華嚴經

일러두기

1. 『대방광불화엄경 강설』 원문原文의 저본底本은 근세에 교정이 가장 잘 되었다고 정평이 나 있는 대만臺灣의 불타교육기금회佛陀教育基金會에서 출판한 『화엄경소초華嚴經疏鈔』본입니다.

2. 『대방광불화엄경 강설』은 실차난타實叉難陀가 695년부터 699년까지 4년에 걸쳐 번역해 낸 80권본卷本 『대방광불화엄경』을 우리말로 옮기고 강설을 붙인 것입니다.

3. 『대방광불화엄경』은 애초 산스크리트에서 한역漢譯된 경전이지만 현재 산스크리트본은 소실된 상태입니다. 산스크리트를 음차한 경우 굳이 원래 소리를 표기하려고 하기보다는 『표준국어대사전』이나 『불교사전』 등에 등재된 한자음을 사용하는 것을 원칙으로 하였습니다.

4. 경문의 한글 번역은 동국역경원본을 참고하여 그대로 또는 첨삭을 하며 의미대로 번역하고 다듬었습니다.

5. 각 품마다 내용에 따라 단락을 나누고 제목을 달았습니다. 단락의 제목은 주로 청량淸凉스님의 견해에 기초하였고 이통현李通玄장자의 견해를 참고로 하였습니다.

6. 『대방광불화엄경 강설』의 발행 순서는 한역 경전의 편재 순서를 기준으로 하였고 각 권은 단행본 한 권씩으로 출간될 예정이며 모두 80권으로 완간됩니다. 다만 80권본에 빠져 있는 「보현행원품」은 80권본 완역 및 강설 후 시리즈에 포함돼 추가될 예정입니다.

7. 『대방광불화엄경 강설』 안에서 불교용어를 풀이한 것은 운허스님이 저술하고 동국역경원에서 편찬한 『불교사전』을 인용하였습니다.

8. 각주의 청량스님의 소疏는 대만에서 입력한 大方廣佛華嚴經 사이트의 것을 사용하였습니다.

9. 『대방광불화엄경 강설』 입법계품에 들어가는 문수지남도는 북송北宋시대 불국佛國선사가 선재동자가 53명의 선지식을 친견하여 법을 구하는 장면은 하나하나 그림으로 그린 것입니다.

대방광불화엄경 강설
제 39 권

二十六. 십지품+地品 6

실차난타實叉難陀 한역
무비스님 강설

서문

드디어 십지+地의 마지막 법운지法雲地를 설합니다.

법운지 보살은 여래를 대신해서 여래의 책임과 의무를 빠짐없이 다 수행하는 보살입니다. 그러므로 제10 법운지 보살은 곧 여래이십니다.

하늘의 채녀婇女들도 한량이 없어
부처님께 환희하게 공양하지 않는 이 없고
가지가지 묘한 음악 연주를 하여
모두 다 이런 말로 부처님을 찬탄하도다.

부처님 몸은 한 국토에 앉아 계시나
일체 세계에 여러 몸을 다 나타내시니
그 몸매가 아름답게 장엄한 것이 한량이 없어
넓고 큰 법계에 모두 충만하도다.

한 모공毛孔 속에서 광명을 놓아
세간의 어두운 번뇌 두루 다 없애니

국토의 작은 먼지 수는 헤아려 알 수 있지만
이 광명의 수는 헤아려서 알 수 없도다.

혹은 여래의 온갖 형상 모두 갖추고
가장 높은 바른 법륜法輪 굴림을 보며
혹은 여러 세계에 다니심을 보기도 하고
혹은 고요하여 움직이지 않음을 보도다.

어떤 때는 도솔천궁에 계심을 보고
어떤 때엔 내려와서 모태母胎에 들고
혹은 태胎에 머물다가 혹은 나와서
한량없는 국토에서 모두 보게 하도다.

어떤 때는 집을 떠나 도道를 닦다가
어떤 때는 도량에서 정각을 이루고
어떤 때는 설법하고 열반 드심을
시방세계 중생들이 다 보게 하도다.

2016년 3월 1일
신라 화엄종찰 금정산 범어사
如天 無比

대방광불화엄경 목차

제1권	1. 세주묘엄품世主妙嚴品 [1]	제18권	18. 명법품明法品
제2권	1. 세주묘엄품世主妙嚴品 [2]	제19권	19. 승야마천궁품昇夜摩天宮品
제3권	1. 세주묘엄품世主妙嚴品 [3]		20. 야마천궁게찬품夜摩天宮偈讚品
제4권	1. 세주묘엄품世主妙嚴品 [4]		21. 십행품十行品 [1]
제5권	1. 세주묘엄품世主妙嚴品 [5]	제20권	21. 십행품十行品 [2]
제6권	2. 여래현상품如來現相品	제21권	22. 십무진장품十無盡藏品
제7권	3. 보현삼매품普賢三昧品	제22권	23. 승도솔천궁품昇兜率天宮品
	4. 세계성취품世界成就品	제23권	24. 도솔궁중게찬품兜率宮中偈讚品
제8권	5. 화장세계품華藏世界品 [1]		25. 십회향품十廻向品 [1]
제9권	5. 화장세계품華藏世界品 [2]	제24권	25. 십회향품十廻向品 [2]
제10권	5. 화장세계품華藏世界品 [3]	제25권	25. 십회향품十廻向品 [3]
제11권	6. 비로자나품毘盧遮那品	제26권	25. 십회향품十廻向品 [4]
제12권	7. 여래명호품如來名號品	제27권	25. 십회향품十廻向品 [5]
	8. 사성제품四聖諦品	제28권	25. 십회향품十廻向品 [6]
제13권	9. 광명각품光明覺品	제29권	25. 십회향품十廻向品 [7]
	10. 보살문명품菩薩問明品	제30권	25. 십회향품十廻向品 [8]
제14권	11. 정행품淨行品	제31권	25. 십회향품十廻向品 [9]
	12. 현수품賢首品 [1]	제32권	25. 십회향품十廻向品 [10]
제15권	12. 현수품賢首品 [2]	제33권	25. 십회향품十廻向品 [11]
제16권	13. 승수미산정품昇須彌山頂品	제34권	26. 십지품十地品 [1]
	14. 수미정상게찬품須彌頂上偈讚品	제35권	26. 십지품十地品 [2]
	15. 십주품十住品	제36권	26. 십지품十地品 [3]
제17권	16. 범행품梵行品	제37권	26. 십지품十地品 [4]
	17. 초발심공덕품初發心功德品	제38권	26. 십지품十地品 [5]

제39권	26. **십지품**十地品 [6]	제58권	38. 이세간품離世間品 [6]
제40권	27. 십정품十定品 [1]	제59권	38. 이세간품離世間品 [7]
제41권	27. 십정품十定品 [2]	제60권	39. 입법계품入法界品 [1]
제42권	27. 십정품十定品 [3]	제61권	39. 입법계품入法界品 [2]
제43권	27. 십정품十定品 [4]	제62권	39. 입법계품入法界品 [3]
제44권	28. 십통품十通品	제63권	39. 입법계품入法界品 [4]
	29. 십인품十忍品	제64권	39. 입법계품入法界品 [5]
제45권	30. 아승지품阿僧祇品	제65권	39. 입법계품入法界品 [6]
	31. 여래수량품如來壽量品	제66권	39. 입법계품入法界品 [7]
	32. 보살주처품菩薩住處品	제67권	39. 입법계품入法界品 [8]
제46권	33. 불부사의법품佛不思議法品 [1]	제68권	39. 입법계품入法界品 [9]
제47권	33. 불부사의법품佛不思議法品 [2]	제69권	39. 입법계품入法界品 [10]
제48권	34. 여래십신상해품如來十身相海品	제70권	39. 입법계품入法界品 [11]
	35. 여래수호광명공덕품 如來隨好光明功德品	제71권	39. 입법계품入法界品 [12]
		제72권	39. 입법계품入法界品 [13]
제49권	36. 보현행품普賢行品	제73권	39. 입법계품入法界品 [14]
제50권	37. 여래출현품如來出現品 [1]	제74권	39. 입법계품入法界品 [15]
제51권	37. 여래출현품如來出現品 [2]	제75권	39. 입법계품入法界品 [16]
제52권	37. 여래출현품如來出現品 [3]	제76권	39. 입법계품入法界品 [17]
제53권	38. 이세간품離世間品 [1]	제77권	39. 입법계품入法界品 [18]
제54권	38. 이세간품離世間品 [2]	제78권	39. 입법계품入法界品 [19]
제55권	38. 이세간품離世間品 [3]	제79권	39. 입법계품入法界品 [20]
제56권	38. 이세간품離世間品 [4]	제80권	39. 입법계품入法界品 [21]
제57권	38. 이세간품離世間品 [5]	제81권	40. **보현행원품**普賢行願品

대방광불화엄경 강설 제39권

二十六. 십지품 十地品 6

정종분 正宗分

10. 법운지를 설하다 ·············· 14
1) 정거천중의 공양 ·············· 14
2) 자재천왕의 공양 ·············· 16
3) 천녀의 공양 ·············· 16
4) 법을 청하다 ·············· 25
5) 수행 방편을 모두 갖추다 ·············· 28
6) 삼매를 얻다 ·············· 30
7) 십지위의 모든 것을 갖추다 ·············· 33
8) 열 가지의 광명을 보이다 ·············· 39
9) 지위를 얻다 ·············· 60

10) 비유를 들어 보이다 ……………………… 65
11) 법운지에 머물다 ………………………… 68
12) 지혜의 광대함을 설하다 ………………… 69
　(1) 모임을 아는 지혜의 광대함 …………… 69
　(2) 응하여 변화함을 아는 지혜의 광대함 ………… 72
　(3) 가지의 지혜의 광대함 ………………… 73
　(4) 미세한 데 들어가는 지혜의 광대함 ………… 74
　(5) 비밀한 지혜의 광대함 ………………… 75
　(6) 겁에 들어가는 지혜의 광대함 ………………… 77
　(7) 도에 들어가는 지혜의 광대함 ………………… 79
13) 모든 해탈을 다 얻다 …………………… 81
14) 법운지의 이름을 해석하다 ………………… 84
　(1) 여래의 큰 법의 구름을 받다 …………… 84
　(2) 삼세여래의 법장을 일념에 다 알다 ………… 90
　(3) 일체 중생의 미혹을 다 소멸하다 ………………… 97
　(4) 일체 미진국토에 다 수생하다 ………………… 100
15) 신통에 대하여 밝히다 ………………… 101
　(1) 신통의 총상 …………………………… 101

(2) 문답으로 신통에 대한 의심을 끊다 ·············· 113
  (3) 선정에 들어서 신통을 나타내 보이다 ·············· 115
  (4) 다시 문답으로 결택하다 ·············· 119
  (5) 보살의 신통경계와 부처님의 신통경계 ·············· 124
  (6) 덕을 설하여 의심을 끊다 ·············· 129
 16) 십지의 공과 ·············· 134
  (1) 조화롭고 유연한 공과 ·············· 134
  (2) 과보를 거두는 공과 ·············· 136
  (3) 원력과 지혜의 공과 ·············· 140

유통분流通分

1. 십지의 공덕을 비유로 나타내다 ·············· 142
 1) 십지의 공덕을 못에 비유하다 ·············· 142
 2) 십지의 공덕을 산에 비유하다 ·············· 145
  (1) 십산의 명칭 ·············· 145
  (2) 설산과 제1 환희지 ·············· 146
  (3) 향산과 제2 이구지 ·············· 147
  (4) 비타리산과 제3 발광지 ·············· 148

(5) 신선산과 제4 염혜지 ………………… 149
　　(6) 유건타라산과 제5 난승지 ………………… 150
　　(7) 마이산과 제6 현전지 ………………… 151
　　(8) 니민다라산과 제7 원행지 ………………… 152
　　(9) 작갈라산과 제8 부동지 ………………… 153
　　(10) 계도말저산과 제9 선혜지 ………………… 153
　　(11) 수미로산과 제10 법운지 ………………… 154
　3) 큰 과위의 공덕을 바다에 비유하다 ………………… 156
　4) 견고한 공덕을 마니주에 비유하다 ………………… 164

2. 십지의 이익을 나타내다 ………………… 170
　1) 신심을 내는 공덕 ………………… 170
　　(1) 이익을 말하여 신심을 내다 ………………… 170
　　(2) 상서를 나타내다 ………………… 174
　　　1〉 땅을 진동시켜 믿음을 내게 하다 ………………… 174
　　　2〉 하늘의 공양을 올리다 ………………… 176
　2) 시방세계도 이와 같다 ………………… 177
　3) 타방 세계에서 증명하다 ………………… 177

3. 게송으로 십지를 다시 설하다 ········· 183

1) 게송을 설하는 이유를 밝히다 ········· 183

2) 듣기를 권하다 ········· 185

3) 수행 방편을 설하다 ········· 186

4) 삼매를 얻다 ········· 198

5) 지위를 받다 ········· 199

6) 지혜가 광대하다 ········· 205

7) 이름을 해석하다 ········· 207

8) 신통을 보이다 ········· 210

9) 과위를 밝히다 ········· 212

10) 산의 비유 ········· 215

11) 바다의 비유 ········· 217

12) 마니주의 비유 ········· 219

13) 무진공덕으로 총결하다 ········· 221

대방광불화엄경 강설

제39권

二十六. 십지품 6

10. 법운지法雲地를 설하다

1) 정거천중淨居天衆의 공양

정 거 천 중 나 유 타　　　문 차 지 중 제 승 행
淨居天衆那由他가　　**聞此地中諸勝行**하고

공 중 용 약 심 환 희　　　실 공 건 성 공 양 불
空中踊躍心歡喜하야　　**悉共虔誠供養佛**이로다

정거천淨居天 하늘 대중 나유타들이
이 지위의 온갖 수승한 행을 듣고 나서는
허공중에서 뛰놀며 마음이 기뻐하여
다 같이 정성으로 부처님께 공양하도다.

제9지까지 설하고 나니 정거천의 대중들이 수승한 법문을 듣고는 마음이 환희하여 정성을 다해 부처님께 공양 올린다. 정거천이란 색계 제4선천禪天을 말하는데 불환과不還果

를 증득한 성인이 태어나는 하늘이다. 여기에는 무번천無煩天·무열천無熱天·선현천善現天·선견천善見天·색구경천色究竟天의 다섯 하늘이 있다. 이 모든 하늘의 대중들이 무수히 많으므로 나유타那由他 대중이라고 하였다.

불가사의보살중	역재공중대환희
不可思議菩薩衆이	**亦在空中大歡喜**하야
구연최상열의향	보훈중회영청정
俱燃最上悅意香하야	**普熏衆會令淸淨**이로다

헤아릴 수 없이 많은 보살 대중도
또한 허공중에 있으며 크게 환희하여
가장 좋고 마음을 기쁘게 하는 향을 모두 살라
대중에게 널리 풍기어 청정케 하도다.

정거천의 대중뿐만 아니라 헤아릴 수 없이 많은 보살 대중이 또한 허공중에 있으며 크게 환희하였다. 그리고 가장 값지고 훌륭한 향을 살라 공양하였다.

2) 자재천왕自在天王의 공양

자재천왕여천중
自在天王與天衆이

무량억수재허공
無量億數在虛空하야

보산천의공양불
普散天衣供養佛하니

백천만종빈분하
百千萬種繽紛下로다

자재천의 임금과 하늘 대중들
한량없는 억만 명이 허공에 있어
하늘 옷을 널리 흩어 부처님께 공양하니
백천만 종류들이 풍성하게 내리도다.

자재천왕과 무량무수한 대중들이 허공중에 있으면서 천만 가지 하늘의 옷을 하늘 가득 흩뿌려 부처님께 공양 올리는 모습이다.

3) 천녀天女의 공양

천제채녀무유량
天諸婇女無有量하야

미불환흔공양불
靡不歡欣供養佛하고

각주종종묘악음　　　　실이차언이찬탄
各奏種種妙樂音하야　　**悉以此言而讚歎**호대

하늘의 채녀婇女들도 한량이 없어

부처님께 환희하게 공양하지 않는 이 없고

가지가지 묘한 음악 연주를 하여

모두 다 이런 말로 부처님을 찬탄하도다.

또 한량없는 하늘의 채녀들이 환희한 마음으로 가지가지 아름다운 음악을 연주하여 부처님께 공양 올리며 찬탄하였다.

불신안좌일국토　　　　일체세계실현신
佛身安坐一國土하사　　**一切世界悉現身**하시니

신상단엄무량억　　　　법계광대실충만
身相端嚴無量億이라　　**法界廣大悉充滿**이로다

부처님 몸은 한 국토에 앉아 계시나

일체 세계에 여러 몸을 다 나타내시니

그 몸매가 아름답게 장엄한 것이 한량이 없어

넓고 큰 법계에 모두 충만하도다.

천녀들의 찬탄은 계속된다. 부처님 몸은 한 국토에 앉아 계시나 일체 세계에 여러 몸을 다 나타내신다고 하였다. 즉 "부처님의 몸은 시방세계 가운데에 두루 하였고, 과거 현재 미래의 여래들도 모두 같도다."라는 내용 그대로다.

어 일 모 공 방 광 명
於一毛孔放光明하사

보 멸 세 간 번 뇌 암
普滅世間煩惱暗하시니

국 토 미 진 가 지 수
國土微塵可知數어니와

차 광 명 수 불 가 측
此光明數不可測이로다

한 모공毛孔 속에서 광명을 놓아
세간의 어두운 번뇌 두루 다 없애니
국토의 작은 먼지 수는 헤아려 알 수 있지만
이 광명의 수는 헤아려서 알 수 없도다.

천녀가 부처님 법의 광명을 찬탄하고 깨달음의 지혜 광명을 찬탄하는 내용이다. 한 모공毛孔 속에서 광명을 놓아

세간의 어두운 번뇌를 두루 다 없애는데 낱낱 모공에서도 또한 그와 같다. 그 광명의 숫자가 얼마나 많은가. 국토의 작은 먼지 수는 헤아려 다 알 수 있다 하더라도 이 광명의 수는 헤아려서 다 알 수가 없다. 그렇다면 무엇이 광명이며, 무엇이 법이며, 무엇이 깨달음의 지혜인가. 또 세상에 존재하는 것에서 광명이 아닌 것은 무엇인가. 법이 아닌 것은 무엇인가. 깨달음의 지혜가 아닌 것은 무엇인가.

혹 견 여 래 구 중 상　　　전 어 무 상 정 법 륜
或見如來具衆相하사　　**轉於無上正法輪**하며

혹 견 유 행 제 불 찰　　　혹 견 적 연 안 부 동
或見遊行諸佛刹하고　　**或見寂然安不動**이로다

혹은 여래의 온갖 형상 모두 갖추고
가장 높은 바른 법륜法輪 굴림을 보며
혹은 여러 세계에 다니심을 보기도 하고
혹은 고요하여 움직이지 않음을 보도다.

다음은 여래가 32상과 80종호 갖춘 것을 찬탄하고, 가장 높은 바른 법륜 굴림을 찬탄하고, 또 고요하여 움직이지 않으면서도 온 세상을 다니면서 교화하심을 찬탄하였다.

혹견주어도솔궁　　　　　혹현하생입모태
或見住於兜率宮하고　　**或現下生入母胎**하며

혹시주태혹출태　　　　　실령무량국중견
或示住胎或出胎하사　　**悉令無量國中見**이로다

어떤 때는 도솔천궁에 계심을 보고
어떤 때엔 내려와서 모태母胎에 들고
혹은 태胎에 머물다가 혹은 나와서
한량없는 국토에서 모두 보게 하도다.

혹현출가수세도　　　　　혹현도량성정각
或現出家修世道하고　　**或現道場成正覺**하며

혹현설법혹열반　　　　　보사시방무부도
或現說法或涅槃하사　　**普使十方無不覩**로다

어떤 때는 집을 떠나 도道를 닦다가

어떤 때는 도량에서 정각을 이루고
어떤 때는 설법하고 열반 드심을
시방세계 중생들이 다 보게 하도다.

세존의 생애를 간략히 들어 찬탄하는 내용이다. 도솔천궁에 계시다가 내려와서 모태에 들고, 다시 태에서 나와 한량없는 국토에서 다 보게 하시고, 출가하고, 수도하시어, 정각을 이루시고, 중생들을 위해 법을 설하시고, 열반에 드시는 일까지 이 모든 사실을 시방세계에서 다 보게 하였다고 천녀가 간략히 찬탄하였다.

비 여 환 사 지 환 술
譬如幻師知幻術에
재 어 대 중 다 소 작
在於大衆多所作인달하야
여 래 지 혜 역 부 연
如來智慧亦復然하야
어 세 간 중 보 현 신
於世間中普現身이로다

비유하면 마술사가 마술을 부려
대중에게 여러 물건 나타내듯이
여래의 지혜도 그와 같아서

세간에서 그 몸을 널리 나타내도다.

여래의 '마술과 같은 자비와 지혜'라는 말이 있다. 어느 곳에 실재하는 것이 아니면서 고통받는 중생을 만나면 마치 마술사가 마술을 활용하듯이 부처님이 온갖 몸을 나타내어 교화함을 찬탄하였다.

불 주 심 심 진 법 성　　　　적 멸 무 상 동 허 공
佛住甚深眞法性하사　　**寂滅無相同虛空**호대

이 어 제 일 실 의 중　　　　시 현 종 종 소 행 사
而於第一實義中에　　　**示現種種所行事**로다

부처님은 깊고 깊은 참성품 속에 계시어
적멸하고 형상이 없어 허공 같지만
제일이고 진실한 진리 중에서
가지가지 행할 일을 보이시도다.

천녀가 부처님께 공양하고 또 부처님의 경지를 찬탄하는 내용이다. 부처님은 곧 참성품이고, 참나이고, 참사람이며,

참마음인 존재의 실상, 즉 법의 참성품임을 밝혔다. 이름도 없고 모양도 없어 허공과 같으면서도 온갖 하지 않는 일이 없다. 또 모든 시간과 모든 공간에 가득하다. 제일이고 진실하여 변하지 않는 진리이다. 천녀의 견해가 선불교의 궁극을 그대로 다 설하였다. 선불교는 시종일관 일물一物의 실체와 그 작용을 드러내는 가르침이다.

소작이익중생사
所作利益衆生事가
개의법성이득유
皆依法性而得有하니

상여무상무차별
相與無相無差別하야
입어구경개무상
入於究竟皆無相이로다

중생을 이익되게 하려고 짓는 일들이
법의 성품 의지하여 있게 되나니
형상 있고 형상 없음 차별이 없이
구경에 들어가면 모두 형상 없도다.

부처님의 중생을 교화하는 일들도 모두 법의 성품을 의지한 것이며 법의 성품의 한 작용이다. 또 부처님이 궁극적 진리의 가르침으로 수많은 중생을 제도하지만 형상 있고 형상 없음이 차별이 없이 그대로가 법의 성품의 한 표현이다.

약유욕득여래지
若有欲得如來智인댄

응리일체망분별
應離一切妄分別이니

유무통달개평등
有無通達皆平等하면

질작인천대도사
疾作人天大導師로다

만약 여래의 지혜를 얻으려거든
응당 일체 허망한 분별을 여읠 것이니
있고 없음 통달하면 모두 평등해
천상과 인간의 대도사를 빨리 지으리라.

환술과 같이 자유자재한 여래의 지혜를 얻으려면 일체 망상 분별을 다 떠나야 한다. 또한 있음과 없음을 다 통달하여 평등한 경지에 이르러야 한다. 그렇게 되면 곧 천상과 인간의 대도사가 될 것이다.

4) 법을 청하다

무량무변천녀중
無量無邊天女衆이

종종언음칭찬이
種種言音稱讚已하고

신심적정공안락
身心寂靜共安樂하야

첨앙여래묵연주
瞻仰如來默然住러니

한량없고 그지없는 하늘 여인들이

가지가지 음성으로 칭찬하고 나서

몸과 마음 고요하고 함께 즐거워

여래를 앙모仰慕하여 묵묵히 있도다.

드디어 법을 청하는 내용이다. 한량없고 그지없는 하늘의 여인들이 가지가지 음성으로 칭찬하고 나서 몸과 마음이 고요해지고 함께 즐거워서 여래를 앙모仰慕하여 묵묵히 머문다. 마치 찬탄의 노래를 한껏 부르고 나서 선정에 들어 무한히 고요함을 즐기는 듯하다.

즉 시 보 살 해 탈 월　　　　지 제 중 회 함 적 정
卽時菩薩解脫月이　　**知諸衆會咸寂靜**하고

향 금 강 장 이 청 언　　　　대 무 외 자 진 불 자
向金剛藏而請言하사대　**大無畏者眞佛子**여

그때에 해탈월보살이
모여 있는 대중들이 고요함을 알고는
금강장보살에게 청하여 말하였다.
"크게 두려움 없으신 참된 불자여,

종 제 구 지 입 십 지　　　　소 유 공 덕 제 행 상
從第九地入十地하는　　**所有功德諸行相**과

급 이 신 통 변 화 사　　　　원 총 혜 자 위 선 설
及以神通變化事를　　　**願聰慧者爲宣說**하소서

제9지地로부터서 제10지에 드는
여러 가지 공덕과 모든 행상과
아울러 신통으로 변화하는 일을
지혜 있는 보살께서 말씀하소서."

바로 그때에 법을 청하는 역할을 맡은 해탈월보살이 모

든 대중이 고요히 선정에 든 듯이 있는 것을 알고는 설법의 주인인 금강장보살에게 법을 청하는 말을 하였다. 먼저 금강장보살의 덕을 찬탄하였다. "법을 설함에 아무런 두려움이 없으신 참다운 부처님의 제자시여, 이제 제9지로부터 마지막 제10지에 들어가는 모든 공덕과 행상과 신통과 변화의 일들을 원컨대 총명하신 분께서 잘 설명하여 주십시오."

이와 같이 제10지의 설법이 있기 전에 먼저 정거천신들의 공양이 있었고 자재천왕의 공양이 있었다. 또 천녀들이 공양하고 부처님의 생애를 일별해 봄으로써 여래의 정각의 법이 얼마나 소중하며 어떤 연유로 여기까지 오게 되었는가를 생각하게 하였다. 그리고 여래의 궁극적 경지에 대한 천녀의 찬탄이 펼쳐졌는데 그 어떤 선사의 선지禪旨도 미치지 못할 높은 경지를 설해 보였다. 그리고 나서 드디어 해탈월보살이 대중들의 분위기를 살피고 금강장보살에게 법을 청하였다.

5) 수행 방편을 모두 갖추다

爾時에 金剛藏菩薩摩訶薩이 告解脫月菩薩言
하사대 佛子야 菩薩摩訶薩이 從初地로 乃至第九地히
以如是無量智慧로 觀察覺了已하고 善思惟修習
하며 善滿足白法하며 集無邊助道法하며

그때에 금강장보살이 해탈월보살에게 말하였습니다.
"불자여, 보살마하살이 초지初地로부터 제9지에 이르면서, 이와 같이 한량없는 지혜로 관찰하여 깨닫고는 잘 생각하여 닦으며, 흰 법[白法]을 만족하고, 그지없는 도를 돕는 법을 모으느니라."

초지에서 제9지까지의 수행 방편들을 다시 정리하여 밝혔다. 잘 생각하여 닦으며, 흰 법[白法]을 만족하고, 그지없는 도를 돕는 법을 모았다. 흰 법이란 흑법黑法의 상대로서 결백하고 청정한 법으로 곧 선법善法을 말한다. 계·정·혜의 삼

학과 보시·지계·인욕·정진·선정·지혜의 육바라밀과 십바라밀 등의 선근 공덕을 말한다.

增長大福德智慧하며 廣行大悲하며 知世界差別하며 入衆生界稠林하며 入如來所行處하며 隨順如來寂滅行하며 常觀察如來力無所畏不共佛法이 名爲得一切種과 一切智智의 受職位니라

"큰 복덕과 지혜를 증장하며, 크게 가엾이 여기는 마음을 널리 행하며, 세계의 차별함을 알며, 중생세계의 빽빽한 숲에 들어가며, 여래가 행하시는 곳에 들어가며, 여래의 적멸한 행을 따라 순종하며, 여래의 힘과 두려움 없음과 함께하지 않는 부처님의 법을 항상 관찰하느니라. 이것을 갖가지 지혜와 온갖 지혜의 지혜를 얻은 직책을 받는 지위라 이름하느니라."

큰 복덕과 지혜를 증장하고, 크게 가엾이 여기는 마음을 널리 행하는 등의 수행 방편을 한마디로 갖가지 지혜와 온갖 지혜의 지혜를 얻은 직책을 받는 지위라 이름한다. 온갖 지혜의 지혜를 얻은 직책이란 곧 불위佛位이므로 십지는 곧 불과佛果를 얻는 자리이다.

6) 삼매를 얻다

佛子_야 菩薩摩訶薩_이 以如是智慧_로 入受職位
불자   보살마하살   이여시지혜   입수직위

已_{하야는} 卽得菩薩離垢三昧_와 入法界差別三昧_와
이   즉득보살이구삼매   입법계차별삼매

莊嚴道場三昧_와 一切種華光三昧_와 海藏三昧_와
장엄도량삼매   일체종화광삼매   해장삼매

海印三昧_와 虛空界廣大三昧_와 觀一切法自性
해인삼매   허공계광대삼매   관일체법자성

三昧_와 知一切衆生心行三昧_와 一切佛皆現前三
삼매   지일체중생심행삼매   일체불개현전삼

昧_{하야} 如是等百萬阿僧祇三昧_가 皆現在前_{이니라}

"불자여, 보살마하살이 이러한 지혜로 직책을 받는 지위에 들어가서는 곧 보살의 때를 여의는 삼매와, 법계의 차별한 데 들어가는 삼매와, 도량을 장엄하는 삼매와, 온갖 꽃빛[華光]삼매와, 해장海藏삼매와, 해인海印삼매와, 허공계의 넓고 큰 삼매와, 모든 법의 제 성품을 관찰하는 삼매와, 일체 중생의 마음이 행함을 아는 삼매와, 모든 부처님이 앞에 다 나타나는 삼매를 얻어서 이와 같은 백만 아승지 삼매가 모두 앞에 나타나느니라."

보살 수행의 지극한 경지인 제10지에 이르면 그것을 부처님의 직책을 받는 지위[受職位]라고 한다. 이 직책은 사람으로서 얻을 수 있는 직책 중에서 가장 높고, 위대하고, 훌륭하고, 자랑스러운 직책이며, 벼슬이고, 관직이고, 임무고, 직분이다. 이 무거운 직책을 맡아서 감당하려면 반드시 열 가지 뛰어난 삼매를 얻어서 백만 무량 아승지 삼매가 앞에 다 나타나게 되는 것이다. 잠깐 동안 설법을 하는 데도 반드시 삼매에 들어야 한다. 하물며 부처님의 직책을 맡아서 그 직분을 다하려면 얼마나 뛰어난 삼매를 얻어야 하겠는가. 이 열 가지 삼매를 얻으므로 백만 아승지 삼매가 모두 따라서 앞에 나타나게 되었다.

 삼매三昧란 흔히 삼마제(三摩提·三摩帝)·삼마지三摩地라 음역한다. 정定·등지等持·정수正受·조직정調直定·정심행처正心行處라 번역하는데, 산란한 마음을 한 곳에 모아 움직이지 않게 하며 마음을 바르게 하여 망념에서 벗어나는 것을 이른다. 특히 해인삼매海印三昧는 화엄경을 설하려 할 때에 들어간 선정禪定의 이름이다. 마치 바다에 풍랑이 쉬면 삼라만상이 모두 바닷물에 비치는 것과 같이 번뇌가 끊어진 부처님의 정심定心 가운데 과거·현재·미래의 모든 법이 밝게 나타나므로 해인정海印定이라고도 한다.

  보살 어차 일체삼매 약 입 약 기 개 득 선 교
菩薩이 **於此一切三昧**에 **若入若起**에 **皆得善巧**

  역 선 요 지 일 체 삼 매 소 작 차 별   기 최 후
하며 **亦善了知一切三昧**의 **所作差別**하나니 **其最後**

삼매　　명수일체지승직위
三昧가 **名受一切智勝職位**니라

"보살이 이 모든 삼매에 들어가고 일어날 때에 다 훌륭한 공교함을 얻으며, 모든 삼매의 짓는 일이 차별함을 잘 아나니, 그 마지막 삼매를 이름하여 '일체 지혜가 수승한 직책을 받는 지위'라 하느니라."

무수한 삼매 중에 최후의 삼매 이름이 '일체 지혜가 수승한 직책을 받는 지위'이다. 달리 말하면 곧 '부처님의 직책을 받는 지위'이다.

7) 십지위+地位의 모든 것을 갖추다

차삼매　　현재전시　　유대보련화　　홀연출생
此三昧가 **現在前時**에 **有大寶蓮華**가 **忽然出生**

기화광대　　양등백만삼천대천세계　　　이
호대 **其華廣大**하야 **量等百萬三千大千世界**하고 **以**

_{중묘보} _{간착장엄} _{초과일체세간경계} _출
衆妙寶로 **間錯莊嚴**하며 **超過一切世間境界**하며 **出**

_{세선근지소생기} _{지제법여환성중행소성}
世善根之所生起며 **知諸法如幻性衆行所成**이며

_{항방광명} _{보조법계} _{비제천처지소능유}
恒放光明하야 **普照法界**하며 **非諸天處之所能有**며

"이 삼매가 앞에 나타날 때에 큰 보배연꽃이 홀연히 솟아나니, 그 연꽃이 넓고 커서 백만 삼천대천세계와 같으며 여러 가지 묘한 보배로 사이사이 장엄하였으니, 일체 세간의 경계를 초월하여 출세간의 착한 뿌리로 생기었으며, 모든 법이 환술과 같은 성품인 줄을 아는 여러 행으로 이룬 것이며, 항상 광명을 놓아 법계에 두루 비치어 여러 하늘에도 있는 것이 아니니라."

'일체 지혜가 수승한 직책을 받는 지위'라는 이름의 삼매가 앞에 나타났을 때에 마침 큰 보배연꽃이 홀연히 솟아났다. 그 크기는 백만 삼천대천세계와 같다. 즉 달리 설명하면 부처님의 직책을 받는 수행의 경지에 오른 이를 상징하는 것이 연꽃이다. 또 부처님의 직책을 받는 수행의 경지에 오르게

되면 온 세상 일체를 그대로 연꽃의 이치와 같은 진리의 세상으로 보게 되는 것이다. 마치 화엄경 서두의 "비로소 정각을 이루고 나니 그 땅은 모두 다이아몬드로 이루어졌더라."는 설명과 같다.

毘瑠璃摩尼寶로 爲莖하고 栴檀王으로 爲臺하고 瑪瑙로 爲鬚하고 閻浮檀金으로 爲葉하며 其華가 常有無量光明하야 衆寶爲藏하고 寶網彌覆하며 十三千大千世界微塵數蓮華로 以爲眷屬이어든

"비유리마니 보배로 줄기가 되고, 전단으로 꽃판[臺]이 되고, 마노로써 꽃술이 되고, 염부단금으로 잎이 되었는데, 그 꽃에는 언제나 한량없는 광명이 있고, 여러 보배로 연밥[藏]이 되고, 보배 그물로 덮였으니, 십 삼천 대천세계의 작은 먼지 수처럼 많은 연꽃으로 권속이 되었느니라."

홀연히 솟아난 큰 연꽃의 온갖 장엄을 설명하였다. 부처님의 직책을 받는 수행의 경지에 오른 이를 상징하는 연꽃이 이와 같이 화려하게 장엄된 것은 그 지혜와 자비의 덕행이 연꽃의 장엄처럼 풍요로워 어느 세계든 미치지 않는 곳이 없다는 뜻이다.

화엄경 첫머리에 보인 땅의 장엄과 보리수의 장엄과 사자좌의 장엄들의 내용과 같다. 꽃의 줄기와 꽃받침과 꽃술 등이 모두 희귀한 보석으로 장엄되었다. 또한 십 삼천대천세계의 작은 먼지 수처럼 많은 연꽃으로 권속이 되었다.

이 시 보 살   좌 차 화 좌   신 상 대 소   정 상
爾時菩薩이 坐此華座하시니 身相大小가 正相

칭 가   무 량 보 살   이 위 권 속   각 좌 기 여 연
稱可하며 無量菩薩로 以爲眷屬하야 各坐其餘蓮

화 지 상   주 잡 위 요   일 일 각 득 백 만 삼 매
華之上하야 周帀圍繞호대 一一各得百萬三昧하야

향 대 보 살   일 심 첨 앙
向大菩薩하야 一心瞻仰이러라

"그때에 보살이 이 연꽃 자리에 앉으니 몸의 크기가 잘 어울리고, 한량없는 보살로 권속이 되었는데 각각 그 나머지 다른 연꽃 위에 앉아서 두루 둘러쌌으며, 제각기 백만 삼매를 얻고, 큰 보살을 향하여 일심으로 우러러보고 있었느니라."

제10지에 오른 보살이 이 연꽃 자리에 앉으니 몸의 크기가 잘 어울렸다. 또 한량없는 보살로 권속이 되었는데 각각 그 나머지 다른 연꽃 위에 앉아서 두루 둘러쌌다.

불자야 차대보살과 병기권속이 좌화좌시에 소
佛子야 此大菩薩과 幷其眷屬이 坐華座時에 所

유광명과 급이언음이 보개충만시방법계하며 일
有光明과 及以言音이 普皆充滿十方法界하며 一

체세계가 함실진동하며 악취휴식하고 국토엄정하며
切世界가 咸悉震動하며 惡趣休息하고 國土嚴淨하며

동행보살이 미불래집하며 인천음악이 동시발성
同行菩薩이 靡不來集하며 人天音樂이 同時發聲

소유중생   실득안락   이부사의공양지
하니라 所有衆生이 悉得安樂하야 以不思議供養之

구   공일체불   제불중회   실개현현
具로 供一切佛하며 諸佛衆會가 悉皆顯現하니라

"불자여, 이 큰 보살과 권속들이 연꽃 자리에 앉았을 적에 놓은 광명과 말과 음성이 시방법계에 두루 가득하였으며, 모든 세계가 한꺼번에 진동하고, 나쁜 갈래는 고통이 쉬고, 국토가 청정하게 장엄하여지고, 함께 수행하는 보살이 모두 와서 모이었으며, 인간과 천상의 풍류에서 한꺼번에 소리를 내었느니라. 모든 중생들이 모두 안락함을 얻었고, 부사의한 공양거리로 모든 부처님께 공양하고, 여러 부처님의 대중들이 다 나타났느니라."

큰 보살과 많은 권속들이 연꽃 자리에 앉을 적에 나타난 상서를 밝혔다. 모두 열 가지 상서다. 광명이 시방에 충만하고, 말소리가 시방세계에 충만하고, 일체 세계가 진동하고, 삼악도가 모두 멈추고, 국토가 청정하게 장엄되고, 같이 수행한 보살들이 다 모이고, 인간과 천상의 풍류에서 한꺼번에 소리를 내었다. 또 중생들이 모두 안락을 얻고, 불가사의한 공양거리로 일체 부처님께 공양하고, 모든 부처님의 대중 모임이 다 나타났다.

8) 열 가지의 광명을 보이다

佛子야 **此菩薩**이 **坐彼大蓮華座時**에 **於兩足下**에 **放百萬阿僧祇光明**하야 **普照十方諸大地獄**하야 **滅衆生苦**하며

"불자여, 이 보살이 큰 연꽃 자리에 앉았을 적에, 두 발바닥으로 백만 아승지 광명을 놓아서 시방의 모든 큰 지옥을 비추어 지옥 중생들의 고통을 소멸하였느니라."

여래의 직책을 맡은 제10 지위의 보살은 그대로 여래의 책임과 의무를 남김없이 다 수행하는 보살이다. 여래의 책임

과 의무를 남김없이 수행하는 사람은 곧 여래다. 예컨대 대통령의 책임과 의무를 수행하는 사람이 곧 대통령인 것과 같다. 그래서 이와 같은 지위에 있는 보살은 한마디로 지혜와 자비의 능력이 여래와 똑같아서 지혜와 자비의 상징인 광명을 놓는 것도 그대로 여래의 광명을 놓는 것이다.

열 가지 광명 중에 먼저 두 발바닥으로 백만 아승지 광명을 놓아서 시방의 모든 큰 지옥을 비추어 지옥 중생들의 고통을 소멸하였다. 두 발바닥은 사람 몸의 가장 밑이므로 지옥 중생을 상징한 것이다. 또 설사 하루 종일 고통만 받는 지옥과 같은 삶을 산다 하더라도 진리의 광명과 부처님 지혜와 자비의 광명을 받는 이라면 곧바로 지옥의 고통이 사라지는 순간이다. 여래의 직책을 맡은 제10지 보살의 덕화가 이와 같음을 밝혔다.

어 양 슬 륜　　방 백 만 아 승 지 광 명　　　보 조 시 방
於兩膝輪에 **放百萬阿僧祇光明**하야 **普照十方**

제 축 생 취　　　멸 중 생 고
諸畜生趣하야 **滅衆生苦**하며

"두 무릎으로 백만 아승지 광명을 놓아서 시방의 여러 축생 갈래를 비추어 중생들의 고통을 소멸하였느니라."

양 무릎은 축생과 같은 삶을 사는 사람을 상징하였다. 또 설사 축생과 같이 하루 종일 먹고 배설하는 일만 하며 사는 사람이라도 진리의 광명과 부처님 지혜와 자비의 광명을 받는 이라면 그는 곧바로 그와 같은 삶에서 벗어나게 될 것이다. 여래의 직책을 맡은 제10지 보살의 덕화가 이와 같다.

어 제 륜 중 방 백 만 아 승 지 광 명   보 조 시 방
於臍輪中에 **放百萬阿僧祇光明**하야 **普照十方**

염 라 왕 계   멸 중 생 고
閻羅王界하야 **滅衆生苦**하며

"배꼽에서 백만 아승지 광명을 놓아서 시방의 염라왕 세계를 비추어 중생들의 고통을 소멸하였느니라."

사람으로 태어나 세상에 살면서 부모에게 효도하지 않

고 사문과 도인을 공경하지 않으며 인의仁義를 행하지 않는 자는 죽어서 지옥에 떨어진다. 지옥에 떨어진 중생들을 가르치고 관리하는 이가 염라왕이다. 비록 왕으로서 중생을 가르친다 하더라도 그들은 모두 지옥에서 살고 있다. 지장보살과 같이 스스로 선택한 일이라면 모르겠으나 업에 이끌려 염라왕이 되었다면 그 삶이 오죽하겠는가.

염라왕오천사자경閻羅王五天使者經에 의하면 "염라왕은 지옥에 떨어진 이에게 이승에서 자기가 보낸 다섯 명의 천사天使를 보았는지 묻는데, 그 다섯 명의 천사란 태어나는 모습·늙는 모습·병든 모습·죽는 모습·죄짓고 관리에게 잡혀 형벌받는 모습이다. 이렇게 다섯 가지의 모습 속에서도 무상함을 알지 못하고 악업만 일삼으며 선행善行에 힘쓰지 않고 경經과 계戒를 받들지 않고 몸과 입과 마음을 단정히 하지 못한 점을 문책하고 그에 따른 형벌을 가한다."고 하였다. 그와 같은 삶을 사는 이도 진리의 광명과 부처님 지혜와 자비의 광명을 받게 되면 곧바로 그와 같은 삶에서 벗어나게 될 것이다. 여래의 직책을 맡은 제10지 보살의 덕화가 이와 같다.

従左右脇_{하야} 放百萬阿僧祇光明_{하야} 普照十
方一切人趣_{하야} 滅衆生苦_{하며}

"좌우의 옆구리로 백만 아승지 광명을 놓아서 시방의 모든 인간을 비추어 중생들의 고통을 소멸하였느니라."

석가모니는 옆구리에서 태어났다고 하였다. 인도의 카스트제도에 근거하여 석가모니는 바라문 다음의 왕족에 해당한다는 뜻이다. 또 옆구리는 인체의 중간이기 때문에 좌우의 옆구리로 백만 아승지 광명을 놓아서 시방의 모든 인간을 널리 비추어 중생들의 고통을 소멸한다고 하였다.

從兩手中_{하야} 放百萬阿僧祇光明_{하야} 普照十
方一切諸天_과 及阿修羅_의 所有宮殿_{하며}

"두 손바닥으로 백만 아승지 광명을 놓아서 시방의 모든 천상과 아수라들의 궁전을 널리 비추었느니라."

육범사성六凡四聖을 십계十界라 한다. 십계는 6종의 범부계凡夫界와 4종의 성자계聖者界로 나눈다. 지옥 · 아귀 · 축생 · 아수라 · 인간 · 천상의 6계를 6범凡이라 하고, 성문聲聞 · 연각緣覺 · 보살菩薩 · 불佛의 4계를 4성聖이라 한다. 이것은 불교 일반에서 나누는 법이고, 이 경문에서는 위에서 나열된 것과 같다. 즉 인간 다음에 아수라가 나왔다. 제10지 보살이 두 손바닥으로 백만 아승지 광명을 놓아서 시방의 모든 천상과 아수라들의 궁전을 널리 비추었다.

아수라阿修羅는 6도의 하나이며 10계界의 하나이다. 아소라阿素羅 · 아소락阿素洛 · 아수륜阿須倫이라 음역하는데, 줄여서 수라修羅, 비천非天 · 비류非類 · 부단정不端正이라 번역한다. 싸우기를 좋아하는 귀신이다. 인도에서 아주 오래된 신의 하나이기도 하다. 리그베다에서는 가장 수승한 성령性靈이란 의미로 쓰였고, 나중에는 무서운 귀신으로 인식되었다. 무엇이 되었든 그리고 실재하든 실재하지 않든 제10지 보살은 두 손바닥으로 백만 아승지 광명을 놓아서 시방의 모든 천상과 아수라들의 궁전을 널리 비추어서 선한 경지로 만들었다.

종양견상　　　방백만아승지광명　　　보조시
從兩肩上하야 **放百萬阿僧祇光明**하야 **普照十**
방일체성문
方一切聲聞하며

"두 어깨로 백만 아승지 광명을 놓아서 시방의 모든 성문들을 비추었느니라."

다음에는 광명이 두 어깨로 올라왔다. 즉 네 성자의 세계로 올라온 것을 상징하였다. 네 성자 중에서는 성문이 가장 낮다. 성문은 3승의 하나이다. 가장 원시적 해석으로는 석존의 음성을 들은 불제자를 말한다. 대승의 발달에 따라서 연각과 보살에 대비할 때는 석존의 직접 제자에 국한한 것이 아니고, 부처님의 교법에 의하여 3생生 60겁劫 동안 4제諦의 이치를 관하고 스스로 아라한 되기를 이상理想으로 하는

1종의 저열한 불도 수행자를 말한다. 그러므로 대승불교에서는 성문을 소승의 다른 이름처럼 보고, 성문으로 마치는 이와 대승으로 전향轉向하는 이를 구별하여 우법愚法 · 불우법不愚法의 2종으로 나누기도 한다. 제10지 보살은 두 어깨로 백만 아승지 광명을 놓아서 시방의 모든 성문들을 비추어 그들을 모두 보살 대승으로 나아가게 한다.

종기항배　　　방백만아승지광명　　보조시
從其項背하야 放百萬阿僧祇光明하야 普照十
방벽지불신
方辟支佛身하며

"목덜미로 백만 아승지 광명을 놓아서 시방의 벽지불들의 몸을 비추었느니라."

벽지불辟支佛은 발랄예가불타鉢剌翳伽佛陀 · 벽지가불辟支迦佛이라고도 쓰며, 연각緣覺 · 독각獨覺이라 번역한다. 꽃이 피고 잎이 지는 등의 외연外緣에 의하여 스승 없이 혼자 깨닫는 이라는 뜻으로 연각이라 하고, 혼자 깨달았거나 깨달음을 다른 사람에게 나누지 않고 혼자 누리고 만다는 뜻이 있다. 석가모니 부처님을 연기의 이치를 깨달은 이 또는 혼자 깨달은 이라 하면 석가모니 역시 벽지불이며 연각이며 독각에 해당한다. 그러나 석가모니는 깨닫고 나서 자신이 깨달은 내용, 즉 열반과 해탈을 많은 중생에게 베풀고 나누려고 80노구를 이끌고 인도의 그 뜨거운 햇빛을 견디면서 전법의 길을 다니셨고 그러한 자비와 지혜의 보살행이 있었기 때문에 석가모니 부처님을 대승보살이라 하는 것이다. 아무튼 제10지 보살은 목덜미로 백만 아승지 광명을 놓아서 시방의 벽지불들의 몸을 비추어 그들을 모두 대승보살로 나아가게 한다.

從其面門하야 放百萬阿僧祇光明하야 普照十方初始發心과 乃至九地諸菩薩身하며

"얼굴로 백만 아승지 광명을 놓아서 시방의 처음으로 발심한 보살과 내지 제9지 보살의 몸을 비추었느니라."

보살菩薩은 보리살타菩提薩埵의 준말이다. 부살扶薩 · 살타薩埵라고도 하고, 각유정覺有情 · 깨달은 중생 · 개사開士 · 대사大士 · 시사始士 · 고사高士라 번역한다. 성불하기 위하여 수행에 힘쓰는 이의 총칭이다. 넓은 의미로는 일반으로 대승교에 귀의한 이며, 보살이란 것은 큰마음을 내어 불도에 들어오고, 사홍서원을 내어 육바라밀을 수행하며, 위로는 보리를 구하고 아래로는 일체 중생을 교화하여, 3아승지 100겁의 긴 세월에 자리自利 · 이타利他의 행을 닦으며, 51위位의 수행 단계를 지나 드디어 불과佛果를 증득하는 이다. 제10지 보살은 얼굴로 백만 아승지 광명을 놓아서 시방의 처음으로 발심한 보살과 내지 제9지 보살의 몸을 비추었다.

종양미간　　방백만아승지광명　　보조시
從兩眉間하야 **放百萬阿僧祇光明**하야 **普照十**

방수직보살　　영마궁전　　실개불현
方受職菩薩하야 **令魔宮殿**으로 **悉皆不現**하며

"두 눈썹 사이로 백만 아승지 광명을 놓아서 시방에서 직책을 받은 보살들을 비추어 마군의 궁전들이 나타

나지 못하게 하였느니라."

　여래의 직책을 받은 보살은 여래의 임무를 수행하지만 그렇다고 해서 곧 여래인 것은 아니다. 그래서 여래 도량을 비출 때는 광명이 정수리에서 비추고, 여래의 직책을 받은 보살을 비출 때는 조금 낮은 양 미간에서 비춘다. 제10지 보살은 여래의 직책을 수행하고, 등각과 묘각이라는 여래의 경지를 앞에 남겨두고 있다. 그래서 제10지 보살이 두 눈썹 사이로 백만 아승지 광명을 놓아서 시방에서 직책을 받은 보살들을 비추어 마군의 궁전들이 나타나지 못하게 하였다.

從其頂上하야 放百萬阿僧祇三千大千世界微塵數光明하야 普照十方一切世界諸佛如來道場衆會하야 右遶十帀하고 住虛空中하야 成光明網하니 名熾然光明이라

"정수리로부터 백만 아승지 삼천대천세계 작은 먼지 수 같은 광명을 놓아서 시방 일체 세계에 있는 모든 부처님 여래의 도량에 모인 대중을 비추어 오른쪽으로 열 바퀴를 돌고는 허공에 머물러서 광명그물이 되었으니, 이름이 '활활 타오르는 불길과 같은 광명[熾然光明]'이니라."

마지막으로 십지 보살은 정수리로부터 백만 아승지 삼천대천세계 작은 먼지 수 같은 광명을 놓아서 시방 일체 세계에 있는 모든 부처님 여래의 도량에 모인 대중을 비추었다. "부처님 여래의 도량에 모인 대중"이 그 대상이다. 부처님과 여래와 그 회상에 모인 모든 대중이다. 모두가 다 같은 경지라는 뜻이다. 또 오른쪽으로 열 바퀴를 돌았다. 역시 원만함을 나타내는 숫자다. 그 이름은 '활활 타오르는 불길과 같은 광명[熾然光明]'이다. 이것이 제10지 보살이 놓는 광명의 내용이다.

발 기 종 종 제 공 양 사　　공 양 어 불　　여 제 보
發其種種諸供養事하야 **供養於佛**하니 **餘諸菩**

살　종 초 발 심　　내 지 구 지　　소 유 공 양　　이
薩의 **從初發心**으로 **乃至九地**히 **所有供養**으로 **而**

비 어 차　　백 분　불 급 일　　내 지 산 수 비 유　　소
比於此하면 **百分**에 **不及一**이며 **乃至算數譬喩**로 **所**

불 능 급
不能及이라

"여러 가지 공양거리를 내어 부처님께 공양하니 나머지 다른 보살들이 처음 발심한 때부터 제9지에 이르기까지 하던 공양으로는 이 공양에 비하면 백 분의 일에도 미치지 못하며, 내지 산수와 비유로도 미칠 수 없느니라."

그리고는 또 여러 가지 공양거리를 내어 부처님께 공양하였다. 그 공양은 나머지 다른 보살들이 처음 발심한 때부터 제9지에 이르기까지 하던 공양으로는 백 분의 일에도 미치지 못하고, 내지 산수와 비유로도 미칠 수 없는 불가사의한 공양이었다. 큰 공양이든 작은 공양이든 공양은 불

자로 살고 선량한 사람으로 살고자 하는 사람들의 영원한 과제다. 어떤 공양을 하고 어떻게 할 것인가는 영원한 화두다.

其光明網^{기광명망}이 普於十方^{보어시방}一一如來衆會之前^{일일여래중회지전}에
雨衆妙香^{우중묘향}과 華鬘衣服^{화만의복}과 幢幡寶蓋^{당번보개}와 諸摩尼等^{제마니등}
莊嚴之具^{장엄지구}하야 以爲供養^{이위공양}하니 皆從出世善根所生^{개종출세선근소생}이라
超過一切世間境界^{초과일체세간경계}하니 若有衆生^{약유중생}이 見知此者^{견지차자}면
皆於阿耨多羅三藐三菩提^{개어아뇩다라삼먁삼보리}에 得不退轉^{득불퇴전}이니라

"그 광명 그물이 시방 모든 부처님의 대중들이 모인 데 두루 하여 여러 가지 묘한 향香과 꽃과 꽃다발과 의복과 당기幢旗와 번기幡旗와 보배일산日傘과 여러 가지 마니보석 따위의 장엄거리를 비를 내리듯이 공양하였느니라. 모두 출세간의 착한 뿌리로부터 난 것이므로 모든

세간의 경계를 초월하였느니라. 만일 어떤 중생이 이런 것을 보고 아는 이가 있으면 모두 아뇩다라삼먁삼보리에서 물러나지 아니하느니라."

제10지 보살이 놓는 '활활 타오르는 불길과 같은 광명[熾然光明]'이 온갖 공양거리를 마치 하늘에서 비를 내리듯이 하여 공양하였다. 이 공양거리들을 보고 아는 중생은 모두 가장 높은 깨달음에서 물러나지 않게 되었다.

佛子야 此大光明이 作於如是供養事畢하고 復遶十方一切世界一一諸佛道場衆會하야 經十帀已하고 從諸如來足下而入이어든

"불자여, 이 큰 광명이 이와 같이 공양하는 일을 마치고는 다시 시방의 모든 세계에 있는 모든 부처님의 도량마다 모인 대중을 열 바퀴를 돌고, 그러고는 모든

여래의 발바닥으로 들어갔느니라."

제10지 보살이 큰 연꽃 자리에 앉았을 적에, 두 발바닥으로 백만 아승지 광명을 놓아서 시방의 모든 큰 지옥을 비추고, 두 무릎에서 광명을 놓아 축생들을 비추고, 배꼽에서 광명을 놓아 염라왕의 세계를 비추고, 좌우 옆구리에서 광명을 놓아 인간 세계를 비추고, 끝으로 정수리에서 광명을 놓아 모든 부처님 여래의 도량에 모인 대중을 비추었다. 그러고는 이 광명이 도량마다 모인 대중을 열 바퀴를 돌고는 모든 여래의 발바닥으로 들어갔다.

정수리에서 나온 광명이 발바닥으로 들어갔다는 것은 무슨 뜻인가. 제1지가 곧 제10지요 제10지가 곧 제1지이며, 처음 발심한 때가 곧 정각을 이룬 때며 정각을 이룬 때가 곧 처음 발심한 때이다. 십신信이 십지地요 십지가 십신이다. 발심의 마음과 정각의 마음이 하나의 마음이다. 원인이 결과요 결과가 원인이다. 열매가 씨앗이요 씨앗이 열매다. 열매로써 씨앗으로 쓰고 씨앗이 다시 열매를 맺는다. 어찌 열매와 씨앗이 다르며 씨앗과 열매가 다르겠는가. 연꽃은 꽃을 맺을 때 이미 열매가 함께 열려서 꽃인 원인과 열매인 결과가 동시임을 보인 것이다.

제10지에 올라온들 어찌 제1지를 떠난 것이며, 정각을 이룬들 어찌 처음 마음을 떠났겠는가. 그래서 "처음 발심한 그때가 곧 정각을 이룬 때"[1]라고 하였다. 아마도 정수리에서 비춘 광명이 발바닥으로 들어간 큰 뜻이 이러하리라.

爾時에 諸佛과 及諸菩薩이 知某世界中에 某菩薩摩訶薩이 能行如是廣大之行하야 到受職位하니라

"그때에 모든 부처님과 모든 보살들이 어느 세계 어느 보살마하살이 이와 같은 광대한 행을 능히 행하고 직책을 맡는 지위에 이른 줄을 알았느니라."

십지만심十地滿心의 경지에 이른 보살의 위대한 불사佛事를

---

1) 初發心時便正覺.

모든 부처님과 모든 보살은 다 알게 된다. 특별히 알리지 않아도 같은 경지에 있는 이들은 저절로 알게 되는 것이 세상의 이치다. 왜냐하면 도 道가 같기 때문이다.

佛_불子_자야 是_시時_시에 十_시方_방無_무量_량無_무邊_변乃_내至_지九_구地_지諸_제菩_보薩_살衆_중이 皆_개來_래圍_위繞_요하야 恭_공敬_경供_공養_양하고 一_일心_심觀_관察_찰하니 正_정觀_관察_찰時_시에 其_기諸_제菩_보薩_살이 卽_즉各_각獲_획得_득十_십千_천三_삼昧_매하니라

"불자여, 이때에 시방에 있던 한량없고 그지없는 보살과 제9지의 보살들까지 모두 와서 둘러싸고 공경하고 공양하며 한결같은 마음으로 관찰하였으며, 한창 관찰할 적에 그 모든 보살들이 각각 십천 삼매를 얻었느니라."

제10지에 오른 보살을 지위가 좀 낮은 다른 여러 보살들이 공경하고 공양하며 일심으로 관찰만 하여도 곧바로 십천

삼매를 얻게 된다. 설사 자신과 같은 수준이 아니라 하더라도 환희하여 공경하고 공양하며 우러러 관찰하면 그 소득이 이와 같다.

當爾之時하야 十方所有受職菩薩이 皆於金剛莊嚴臆德相中에 出大光明하니 名能壞魔怨이라 百萬阿僧祇光明으로 以爲眷屬하야 普照十方하야 現於無量神通變化하니라

 "이러한 때에 시방에 있는 직책을 받은 보살들이 모두 가슴에 있는 금강으로 장엄한 공덕 모양[德相]에서 큰 광명을 놓으니 그 이름은 '능히 마군과 원수를 파괴함[能壞魔怨]'이니라. 백만 아승지 광명으로 권속을 삼고 시방을 두루 비추어 한량없는 신통변화를 나타내었느니라."

 또 여래의 직책을 받은 시방에 있는 보살들은 모두 가슴

에 있는 금강으로 장엄한 공덕 모양에서 큰 광명을 놓아 증명한다. 그리고 그 광명은 백만 아승지 광명으로 권속을 삼고 시방을 두루 비추어 한량없는 신통변화를 나타낸다. "가슴에 있는 금강으로 장엄한 공덕 모양"이란 흔히 만卍 자라고 하는 그 모양을 일컫는다. 여래의 직책을 받은 보살이 이 공덕 모양에서 광명을 놓았다는 것은 제10지 보살의 덕화가 여래와 같다는 뜻이다.

특히 그 광명의 이름이 '능히 마군과 원수를 파괴함[能壞魔怨]'인 것은 석가모니가 정각을 이룬 순간을 '보리수나무 밑에서 마군을 항복받았다[樹下降魔]'고 표현한 것과 같은 의미다. 이 또한 여래와 같은 경지의 보살로서 제10지 보살의 높은 경지를 증명하여 보인 것이다.

작시사이 이래입차보살마하살금강장엄
作是事已하고 **而來入此菩薩摩訶薩金剛莊嚴**

억덕상중 기광 입이 영차보살 소유지
臆德相中하니 **其光**이 **入已**에 **令此菩薩**의 **所有智**

혜　세력증장　　과백천배
慧로 **勢力增長**이 **過百千倍**하나라

　"이러한 일을 마치고는 이 보살마하살들의 가슴에 있는 금강으로 장엄한 공덕 모양으로 들어갔으며, 그 광명이 들어간 후에는 이 보살들로 하여금 가진 지혜가 세력을 더하여 백천 곱보다 훨씬 많았느니라."

　가슴에 있는 금강으로 장엄한 공덕 모양에서 놓은 광명이 백만 아승지 광명으로 권속을 삼고 시방을 두루 비추어 한량없는 신통변화를 나타내고는 다시 가슴의 공덕 모양으로 들어갔으며, 광명이 들어간 뒤에는 보살들에게 이미 있던 지혜가 그 세력이 백천 배나 늘어났다. 정수리에서 놓은 광명이 발바닥으로 들어가고, 가슴에서 놓은 광명이 다시 가슴으로 들어가는 모습을 보이고 나서 비로소 제10지의 지위이며 곧 부처님의 지위를 얻는 설법이 이어진다.

9) 지위地位를 얻다

爾時에 **十方一切諸佛**이 **從眉間出清淨光明**하시니 **名增益一切智神通**이라 **無數光明**으로 **以爲眷屬**하야 **普照十方一切世界**하야 **右遶十匝**하며

"그때에 시방의 모든 부처님이 양미간으로부터 청정한 광명을 내니 그 이름은 '온갖 지혜와 신통을 더함[增益一切智神通]'이었느니라. 무수한 광명으로 권속을 삼아 시방의 일체 세계를 비추면서 오른쪽으로 열 바퀴를 돌았느니라."

제10지의 지위를 얻는 광경을 다시 광명을 놓아 밝혔다. 시방의 모든 부처님이 양미간으로부터 청정한 광명을 내어 온갖 광경을 나타내 보이고는 다시 제10지의 지위에 오른 보살들의 정수리로 들어가는 모습을 나타내었다. 즉 모든 부처님의 미간에서 나온 광명이 보살들의 정수리로 들어가

는 광경이다. 그 일이 끝나고는 모든 부처님의 숫자에 합하여 섞이게 되었다고 하였다. 즉 제10지 보살이 비로소 부처님이 된 것을 설하였다.

부처님의 미간에서 나온 광명이 시방의 일체 세계를 비추면서 열 바퀴를 돌았다는 것은 무슨 뜻인가. 그 광명이 하는 일을 여섯 가지로 아래에 설하였다. 그것은 곧 부처님이 세상에서 하시는 일이며, 불교가 세상에서 해야 할 일이다. 그러므로 불교는 세상을 밝게 비추는 큰 광명이어야 한다.

시현여래광대자재 개오무량백천억나유
示現如來廣大自在하며 開悟無量百千億那由

타제보살중 주변진동일체불찰 멸제일
他諸菩薩衆하며 周徧震動一切佛刹하며 滅除一

체제악도고 은폐일체제마궁전 시일체
切諸惡道苦하며 隱蔽一切諸魔宮殿하며 示一切

불득보리처도량중회장엄위덕
佛得菩提處道場衆會莊嚴威德하며

"여래의 광대하게 자재함을 나타내며, 한량없는 백

천억 나유타 보살 대중들을 깨우치고, 모든 부처님의 세계를 두루 진동하여, 모든 나쁜 갈래의 고통을 없애고, 모든 마군의 궁전을 가려 버리며, 모든 부처님이 보리를 얻으신 도량에 있는 대중들의 장엄한 위덕威德을 보이었느니라."

　이것이 광명이 지은 불사며, 부처님이 하신 일이며, 불교가 세상에서 해야 할 일이다. 먼저 자성여래는 무한히 넓고 크고 자유자재하다. 부처님이 양미간으로부터 놓은 청정한 광명은 그것을 나타내 보인다. 또 그 광명은 한량없는 백천억 나유타 보살 대중을 깨닫게 한다. 그 광명은 일체 세계를 모두 진동시킨다. 또 그 광명은 지옥과 아귀와 축생과 같은 일체 악한 길의 고통을 소멸한다. 즉 진리의 가르침으로 일체 중생의 고통을 모두 소멸한다. 또 진리에 어긋나는 삿된 사상이나 가르침을 모두 덮어 버린다. 또 불교라는 진리의 가르침의 영역 안에서 사는 모든 대중들의 장엄한 위엄과 덕화를 드러내 보인다. 이것이 광명이라는 이름으로 불법이 세상을 밝게 비추는 불사다.

如是普照盡虛空徧法界一切世界已_{하고} 而來
至此菩薩會上_{하야} 周帀右繞_{하며} 示現種種莊嚴
之事_{하시고} 現是事已_에 從大菩薩頂上而入_{하신대}
其眷屬光明_도 亦各入彼諸菩薩頂_{이어든}

"이와 같이 온 허공과 법계에 가득한 모든 세계를 두루 비추고는 이 보살들의 회상會上에 돌아와서 오른쪽으로 두루 돌면서 갖가지의 장엄한 일을 나타내었느니라. 이런 일을 나타내고는 큰 보살의 정수리로 들어가니, 그 권속 광명들도 각각 보살들의 정수리로 들어갔느니라."

일체 모든 부처님의 미간에서 나온 광명이 일체 세계를 두루 비추면서 온갖 불사를 다 짓고는 다시 보살들의 회상으로 돌아와서 두루 돌면서 갖가지 장엄한 모습을 나타내 보였다. 그리고 다시 큰 보살의 정수리로 들어가는데 그들 권속 광명도 모두 보살들의 정수리로 들어갔다. 이는 곧 제

10지 보살에게 부처님의 모든 법인 온 우주가 낱낱이 법이요, 진리요, 광명이요, 자비요, 지혜임을 다 들어 넣어 줌을 그대로 증명하여 보인 것이다. 그러나 단순히 광명이 돌아서 들어가는 실재의 광경만으로도 신묘하고 불가사의하기 이를 데 없다. 이러한 광경을 요즘의 컴퓨터 그래픽으로 나타낸다면 얼마나 놀라울까.

當爾之時_{하야} 此菩薩_이 得先所未得百萬三昧_{하니} 名爲已得受職之位_라 入佛境界_{하야} 具足十力_{하야} 墮在佛數_{하니라}

"이러는 동안에 이 보살들이 전에 얻지 못하였던 백만 가지 삼매를 얻었으니, 그 이름이 '이미 직책을 받는 지위를 얻음[已得受職之位]'이니라. 부처님의 경계에 들어가서 열 가지 힘[2]을 구족하고 부처님의 수에 들어가서 섞이었느니라."

보살들이 이제 그동안 얻지 못했던 백만 가지 삼매를 얻었다. 그동안 얻지 못했던 백만 가지 삼매를 얻고 비로소 보살들이 부처님의 경계에 들어갔으며, 열 가지 힘을 구족하고 다른 모든 부처님들의 숫자에 들어가게 되었다. 제10지의 지위를 얻으면 곧 부처님의 숫자에 들어가서 부처님을 헤아릴 때 제10지 보살들까지 함께 헤아리게 되었다는 것이다. 즉 수행이 완벽하게 되었다는 의미이다.

10) 비유를 들어 보이다

佛_불子_자야 如_여轉_전輪_륜聖_성王_왕의 所_소生_생太_태子_자가 母_모是_시正_정后_후요

身_신相_상具_구足_족이어든 其_기轉_전輪_륜王_왕이 令_영其_기太_태子_자로 坐_좌白_백象_상寶_보

---

2) 십력十力: 부처님께만 있는 열 가지 마음의 힘이다. ① 처비처지력處非處智力 ② 업이숙지력業異熟智力 ③ 정려해탈등지등지지력靜慮解脫等持等至智力 ④ 근상하지력根上下智力 ⑤ 종종승해지력種種勝解智力 ⑥ 종종계지력種種界智力 ⑦ 변취행지력遍趣行智力 ⑧ 숙주수념지력宿住隨念智力 ⑨ 사생지력死生智力 ⑩ 누진지력漏盡智力.

妙金之座하고 張大網幔하며 建大幢幡하며 燃香散花하며 奏諸音樂하며 取四大海水하야 置金甁內하고 王執此甁하야 灌太子頂하나니 是時에 卽名受王職位라 墮在灌頂刹利王數하며 卽能具足行十善道일새 亦得名爲轉輪聖王인달하니라

"불자여, 마치 전륜성왕이 낳은 태자는 어머니가 왕후요 몸매가 구족한데, 전륜왕이 태자로 하여금 흰 코끼리 등에 마련한 황금 자리에 앉게 하고, 그물로 된 휘장을 두르고, 큰 당기幢旗와 번기幡旗를 세우고, 향을 사르고 꽃을 흩고, 음악을 연주하며, 황금 병으로 사해의 물을 길어다가 왕이 손수 병을 들고 태자의 정수리에 부으면, 이것을 이름하여 '왕의 직책을 받는 지위[受王職位]'라 하느니라. 머리에 물을 부은 찰제리 왕의 숫자에 들게 되며, 곧 열 가지의 착한 도道를 구족하게 행하여 또한 전륜성왕이라는 이름을 얻게 되느니라."

제10지에 오른 보살이 정수리에 여래의 광명을 받고, 여래의 직책을 받아, 여래의 열 가지 힘을 얻고, 부처님의 숫자에 들어, 부처님의 직무를 대행하게 되는 것을 비유로 밝혔다. 마치 전륜성왕이 낳은 태자에게 왕이 사해의 물을 길어다가 손수 병을 들고 태자의 정수리에 부으면 이것을 이름하여 '왕의 직책을 받는 지위[受王職位]'라 하는 경우와 꼭 같다.

菩薩受職도 亦復如是하야 諸佛智水로 灌其頂故로 名爲受職이니 具足如來十種力故로 墮在佛數니라

"보살이 직책을 받는 것도 또한 그와 같아서 부처님 지혜의 물[水]을 정수리에 부으므로 '직책을 받는다[受職]'라고 이름하며, 여래의 열 가지 힘을 구족하였으므로 부처님의 숫자에 들어가게 되느니라."

보살이 여래의 직책을 받는 것도 또한 그와 같아서 부처님 지혜의 물[水], 즉 지혜 광명을 정수리에 부으므로 '직책을 받는다[受職]'라고 이름하며, 여래의 열 가지 힘을 구족하였으므로 부처님의 숫자에 들어가게 되는 것이다.

11) 법운지法雲地에 머물다

불자야 是名菩薩受大智職이니 菩薩이 以此大智職故로 能行無量百千萬億那由他難行之行하야 增長無量智慧功德하나니 名爲安住法雲地니라

"불자여, 이것을 이름하여 '보살이 큰 지혜의 직책을 받았다.'라고 하며, 보살이 이 큰 지혜의 직책을 받으므로 한량없는 백천만억 나유타나 되는 행하기 어려운 행을 능히 행하며, 한량없는 지혜 공덕을 증장하나니, 이름이 '법운지法雲地에 머무름이 된다.'고 하느니라."

제10지의 이름은 법운지法雲地다. 단순하게 풀이하면 법의 구름, 진리의 구름, 가르침의 구름으로 세상을 두루 덮는다는 뜻이다. 이것은 지혜의 직책이기도 하다. 이와 같은 일을 누가 할 수 있는가. 그것은 제1지로부터 제9지까지의 수행을 원만히 닦아 드디어 여래의 직책을 받아 여래의 일을 마음껏 펼치는 보살만이 할 수 있다. 법운지 보살은 한량없는 백천만억 나유타나 되는 행하기 어려운 행을 능히 행하며, 한량없는 지혜 공덕을 증장한다.

12) 지혜의 광대함을 설하다

(1) 모임[集]을 아는 지혜의 광대함

佛子야 菩薩摩訶薩이 住此法雲地에 如實知欲
불자 보살마하살 주차법운지 여실지욕

界集과 色界集과 無色界集과 世界集과 法界集과
계집 색계집 무색계집 세계집 법계집

有爲界集과 無爲界集과 衆生界集과 識界集과 虛
유위계집 무위계집 중생계집 식계집 허

공계집   열반계집
空界集과 **涅槃界集**하며

 "불자여, 보살마하살이 이 법운지에 머물러 욕심 세계의 모임과, 형상 세계의 모임과, 형상 없는 세계의 모임과, 세계의 모임과, 법계法界의 모임과, 함이 있는 세계의 모임과, 함이 없는 세계의 모임과, 중생계의 모임과, 인식세계[識界]의 모임과, 허공계의 모임과, 열반계의 모임을 사실대로 아느니라."

차 보살   여실지제견번뇌행집   지세계성
此菩薩이 **如實知諸見煩惱行集**하며 **知世界成**

괴집   지성문행집   벽지불행집   보살행집
壞集하며 **知聲聞行集**과 **辟支佛行集**과 **菩薩行集**과

여래력무소외색신법신집   일체종일체지지
如來力無所畏色身法身集과 **一切種一切智智**

집   시득보리전법륜집   입일체법분별결정
集과 **示得菩提轉法輪集**과 **入一切法分別決定**

지집   거요언지   이일체지   지일체집
智集하나니 **擧要言之**컨댄 **以一切智**로 **知一切集**이니라

"이 보살이 또 모든 소견과 번뇌의 행行이 모임을 사실대로 알며, 세계가 이루어지고 무너지는 모임을 알며, 성문聲聞의 행이 모임과 벽지불辟支佛의 행이 모임과 보살의 행이 모임과, 여래의 힘과 두려움 없음과 형상의 몸[色身]과 법의 몸[法身]이 모임과, 갖가지 지혜와 온갖 지혜의 지혜가 모임과, 보리를 얻어 법륜法輪을 굴림을 보이는 것의 모임과, 온갖 법에 들어가 분별하고 결정하는 지혜가 모임을 아느니라. 중요함을 들어 말하면 온갖 지혜로써 온갖 모임을 사실대로 아느니라."

보살이 법운지에 머물러 모임[集]을 사실대로 다 아는 지혜에 스무 가지가 있음을 밝혔다. 이것을 청량스님은 소疏에서 "따로 밝힌 가운데 20종의 모임이 있어서 모두 인연으로 모임을 밝혔다. 그러나 진眞과 망妄과 그리고 화합에 공통되므로 세 가지 부분이 있다. 1은 염오의 부분이고, 2는 청정의 부분이고, 3은 생멸의 부분이다."[3] 라고 하였다.

---

3) 別明中有二十集皆明因緣集. 然通眞妄及與和合故有三分 : 一, 染分. 二, 淨分. 三, 滅分.

(2) 응하여 변화함을 아는 지혜의 광대함

佛子야 此菩薩摩訶薩이 以如是上上覺慧로 如
實知衆生業化와 煩惱化와 諸見化와 世界化와 法
界化와 聲聞化와 辟支佛化와 菩薩化와 如來化와
一切分別無分別化하야 如是等을 皆如實知니라

"불자여, 이 보살마하살이 이와 같은 상상품上上品의 깨달은 지혜로써 중생의 업으로 변화함과, 번뇌로 변화함과, 여러 소견으로 변화함과, 세계로 변화함과, 법계로 변화함과, 성문으로 변화함과, 벽지불로 변화함과, 보살로 변화함과, 여래로 변화함과, 일체 분별과 분별이 없게 변화함을 사실대로 아나니 이와 같은 것 등을 사실대로 다 아느니라."

제10지에 올라 응하여 변화함을 아는 열 가지 지혜를 들었다. 이것을 "상상품上上品의 깨달은 지혜"라고 하였다. 제10지 보살이 되면 경문에서 열거한 모든 현상에 응하여 변화함을 다 안다.

(3) 가지加持의 지혜의 광대함

又_우如_여實_실知_지佛_불持_지와 法_법持_지와 僧_승持_지와 業_업持_지와 煩惱_{번뇌}持_지와 時_시持_지와 願_원持_지와 供養_{공양}持_지와 行_행持_지와 劫_겁持_지와 智_지持_지하야 如是等_{여시등}을 皆如實知_{개여실지}니라

"또 부처님의 가지_{加持}와, 법의 가지와, 승僧의 가지와, 업業의 가지와, 번뇌의 가지와, 시절의 가지와, 원력願力의 가지와, 공양의 가지와, 행行의 가지와, 겁劫의 가지와, 지혜의 가지를 사실대로 아나니 이와 같은 것 등을 사실대로 다 아느니라."

가지_{加持}란 일반적인 해석에 의하면 지슬미낭_{地瑟昵囊}이라 음역한다. 가_加는 가피_{加被}, 지_持는 섭지_{攝持}의 뜻이다. 세 가지 뜻이 있는데 ① 부처님의 큰 자비가 중생에게 베풀어지고

중생의 신심信心이 부처님의 마음에 감명되어 서로 어울림이다. ② 부처님의 3밀密의 연緣에 의하여 중생의 3업業을 밝히는 것이다. ③ 부처님의 가피력을 입어 병·재난·부정·불길 등을 없애기 위하여 수행하는 기도법이다. 어떤 내용의 가지이든 제10지의 보살은 이와 같은 가지를 사실대로 다 안다.

(4) 미세한 데 들어가는 지혜의 광대함

又如實知諸佛如來의 入微細智하나니 所謂修
行微細智와 命終微細智와 受生微細智와 出家微
細智와 現神通微細智와 成正覺微細智와 轉法輪
微細智와 住壽命微細智와 般涅槃微細智와 教法
住微細智니 如是等을 皆如實知니라

"또 모든 부처님 여래의 미세한 데 들어가는 지혜를

사실과 같이 아느니라. 이른바 수행의 미세한 지혜와, 명을 마치는 미세한 지혜와, 생을 받는 미세한 지혜와, 출가하는 미세한 지혜와, 신통을 나타내는 미세한 지혜와, 정각을 이루는 미세한 지혜와, 법륜을 굴리는 미세한 지혜와, 수명을 유지하는 미세한 지혜와, 열반에 드는 미세한 지혜와, 교법이 머무는 미세한 지혜이니라. 이와 같은 것 등을 사실대로 다 아느니라."

법운지 보살은 모든 여래의 미세한 데 들어가는 지혜를 사실과 같이 앎을 밝혔다. 수행의 미세한 지혜와, 명을 마치는 미세한 지혜와, 생을 받는 미세한 지혜와, 출가하는 미세한 지혜와, 신통을 나타내는 미세한 지혜와, 정각을 이루는 미세한 지혜 등이다. 이와 같은 것 등을 모두 사실과 같이 다 안다.

(5) 비밀한 지혜의 광대함

又入如來秘密處하나니 所謂身秘密과 語秘密과

우입여래비밀처 소위신비밀 어비밀

心秘密과 **時非時思量秘密**과 **授菩薩記秘密**과 **攝衆生秘密**과 **種種乘秘密**과 **一切衆生根行差別秘密**과 **業所作秘密**과 **得菩提行秘密**이니 **如是等**을 **皆如實知**니라

 "또 여래의 비밀한 곳에 들어가나니, 이른바 몸의 비밀과, 말[言]의 비밀과, 마음의 비밀과, 때와 때 아님을 생각하는 비밀과, 보살에게 수기하는 비밀과, 중생을 거두어 주는 비밀과, 갖가지 승乘의 비밀과, 일체 중생의 근성과 행이 차별한 비밀과, 업으로 짓는 비밀과, 보리菩提를 얻는 행의 비밀이니, 이와 같은 것 등을 사실대로 다 아느니라."

또 여래의 삼업의 비밀과, 때와 때 아님을 생각하는 비밀과, 보살에게 수기하는 비밀과, 중생을 거두어 주는 비밀 등을 제10지 보살은 남김없이 사실과 같이 다 앎을 밝혔다.

(6) 겁에 들어가는 지혜의 광대함

又知諸佛所有入劫智하나니 所謂一劫이 入阿僧祇劫하고 阿僧祇劫이 入一劫과 有數劫이 入無數劫하고 無數劫이 入有數劫과 一念入劫하고 劫入一念과 劫入非劫하고 非劫入劫과 有佛劫이 入無佛劫하고 無佛劫이 入有佛劫과 過去未來劫이 入現在劫하고 現在劫이 入過去未來劫과 過去劫이 入未來劫하고 未來劫이 入過去劫과 長劫이 入短劫하고 短劫이 入長劫이니 如是等을 皆如實知니라

"또 모든 부처님이 겁劫에 들어가는 지혜가 있음을 아나니, 이른바 한 겁이 아승지겁에 들어가고 아승지겁이 한 겁에 들어감과, 수 있는 겁이 수없는 겁에 들어가

고 수없는 겁이 수 있는 겁에 들어감과, 한순간이 겁에 들어가고 겁이 한순간에 들어감과, 겁이 겁 아닌 데 들어가고 겁 아닌 것이 겁에 들어감과, 부처님 있는 겁이 부처님 없는 겁에 들어가고 부처님 없는 겁이 부처님 있는 겁에 들어감과, 과거 겁과 미래 겁이 현재 겁에 들어가고 현재 겁이 과거 겁과 미래 겁에 들어감과, 과거 겁이 미래 겁에 들어가고 미래 겁이 과거 겁에 들어감과, 오랜 겁이 짧은 겁에 들어가고 짧은 겁이 오랜 겁에 들어감이니라. 이와 같은 것 등을 사실대로 다 아느니라."

또 제10지 보살은 한 겁이 아승지겁에 들어가고 아승지겁이 한 겁에 들어가며, 수 있는 겁이 수없는 겁에 들어가고 수없는 겁이 수 있는 겁에 들어가는 것 등을 사실과 같이 다 안다. 법성게에서 이와 같은 이치를 "한량없는 겁이 곧 한순간이고 한순간이 곧 한량없는 겁이며, 구세九世와 십세十世가 서로서로 맞물려 있으나 잡란하지 아니하고 사이가 있으면서 따로따로 존재한다."[4]라고 하였다. 이러한 겁에 들어가는 지혜의 광대함을 제10지 보살은 다 앎을 밝힌 것이다.

---

4) 無量遠劫卽一念 一念卽是無量劫 九世十世互相卽 仍不雜亂隔別成.

(7) 도道에 들어가는 지혜의 광대함

又知如來諸所入智하나니 所謂入毛道智와 入微塵智와 入國土身正覺智와 入衆生身正覺智와 入衆生心正覺智와 入衆生行正覺智와 入隨順一切處正覺智와 入示現徧行智와

"또 여래의 모든 들어가신 바의 지혜를 아나니, 이른바 터럭 끝 같은 범부[毛道]에게 들어가는 지혜와, 작은 먼지에 들어가는 지혜와, 국토의 몸으로 바로 깨닫는 데 들어가는 지혜와, 중생의 몸으로 바로 깨닫는 데 들어가는 지혜와, 중생의 마음으로 바로 깨닫는 데 들어가는 지혜와, 중생의 행行으로 바로 깨닫는 데 들어가는 지혜와, 온갖 곳을 따라서 바로 깨닫는 데 들어가는 지혜와, 두루 행함[徧行]을 나타내 보이는 데 들어가는 지혜와,"

入示現順行智와 入示現逆行智와 入示現思議不思議世間了知不了知行智와 入示現聲聞智와 辟支佛智와 菩薩行과 如來行智니라 佛子야 一切諸佛의 所有智慧가 廣大無量이어늘 此地菩薩이 皆能得入이니라

"따르는 행을 나타내 보이는 데 들어가는 지혜와, 거슬리는 행을 나타내 보이는 데 들어가는 지혜와, 헤아릴 수 있고 헤아릴 수 없는 세간世間을 알고 알지 못하는 행을 나타내 보이는 데 들어가는 지혜와, 성문의 지혜와 벽지불의 지혜와 보살의 행과 여래의 행을 나타내 보이는 데 들어가는 지혜이니라. 불자여, 모든 부처님의 가진 지혜가 광대하고 한량이 없거늘 이 지地의 보살이 모두 능히 다 들어가느니라."

제10지 보살이 도道에 들어가는 지혜의 광대함을 밝혔

다. "터럭 끝 같은 범부"란 곧 '모두毛頭'라고 하는데 범부의 다른 이름이다. 가벼운 털이 바람을 따라 동요하는 것과 같이 범부의 마음이 어리석어 일정하지 못한 것을 말한 것이다. 범부에게 들어가는 지혜와 작은 먼지에 들어가는 지혜와 국토의 몸으로 바로 깨닫는 데 들어가는 지혜와 중생의 몸으로 바로 깨닫는 데 들어가는 지혜 등을 법운지의 보살은 다 갖추고 있음을 밝혔다. 여기까지 법운지 보살의 지혜의 광대함을 일곱 가지로 설하여 마쳤다.

13) 모든 해탈을 다 얻다

佛子불자야 菩薩摩訶薩보살마하살이 住此地주차지에 即得菩薩不思즉득보살부사議解脫의해탈과 無障礙解脫무장애해탈과 淨觀察解脫정관찰해탈과 普照明보조명解脫해탈과 如來藏解脫여래장해탈과 隨順無礙輪解脫수순무애륜해탈과 通達통달三世解脫삼세해탈과 法界藏解脫법계장해탈과 光明輪解脫광명륜해탈과 無餘境무여경

계 해 탈
界解脫하나니라

"불자여, 보살마하살이 이 지地에 머물러서는 곧 보살의 부사의한 해탈과, 걸림없는 해탈과, 깨끗하게 관찰하는 해탈과, 두루 밝게 비추는 해탈과, 여래장 해탈과, 걸림없는 바퀴를 수순하는 해탈과, 세 세상을 통달하는 해탈과, 법계장 해탈과, 광명의 바퀴 해탈과, 남음이 없는 경계의 해탈을 얻었느니라."

불교에서 자신의 문제를 해결하는 데 열반과 해탈처럼 요긴한 것은 없다. 그래서 석가모니도 열반과 해탈을 강조하셨다. 그리고 다른 사람들도 그 열반에 이르도록 열심히 가르치셨다. 그러나 보살대승불교에서는 보살행을 더욱 크게 강조하였다. 초기불교가 해탈을 강조하였기 때문에 화엄경에 이르러서도 초기 소승불교를 융화시켜 포섭하기 위해서 보다 높은 차원의 해탈을 강조하는 것이다. 제10지에 이른 법운지 보살이 열 가지 해탈 얻었음을 밝힌 것이다.

차 십 위 수　　유 무 량 백 천 아 승 지 해 탈 문　　개
此十爲首하야 **有無量百千阿僧祇解脫門**을 **皆**

어 차 제 십 지 중 득　　여 시 내 지 무 량 백 천 아 승 지
於此第十地中得하며 **如是乃至無量百千阿僧祇**

삼 매 문　　무 량 백 천 아 승 지 다 라 니 문　　무 량 백 천
三昧門과 **無量百千阿僧祇陀羅尼門**과 **無量百千**

아 승 지 신 통 문　　개 실 성 취
阿僧祇神通門을 **皆悉成就**니라

"이 열 가지를 으뜸으로 하여 한량없는 백천 아승지 해탈문이 있는데 모두 제10지에서 얻으며 이와 같이 내지 한량없는 백천 아승지 삼매문과 한량없는 백천 아승지 다라니문과 한량없는 백천 아승지 신통문을 모두 성취하느니라."

법운지 보살의 지혜의 광대함을 밝히고 나서 다시 열 가지 해탈 얻음을 밝혔다. 그리고 그 열 가지 해탈이 으뜸이 되어 한량없는 백천 아승지 해탈과 한량없는 백천 아승지 삼매와 한량없는 백천 아승지 다라니와 한량없는 백천 아승지 신통을 모두 성취하였음을 밝혔다.

14) 법운지의 이름을 해석하다

(1) 여래의 큰 법의 구름을 받다

_{불자} _{차보살마하살} _{통달여시지혜} _{수순}
佛子야 **此菩薩摩訶薩**이 **通達如是智慧**에 **隨順**

_{무량보리} _{성취선교염력} _{시방무량제불}
無量菩提하며 **成就善巧念力**하야 **十方無量諸佛**의

_{소유무량대법명} _{대법조} _{대법우} _{어일념경}
所有無量大法明과 **大法照**와 **大法雨**를 **於一念頃**에

_{개능안능수} _{능섭능지}
皆能安能受하며 **能攝能持**하나니라

"불자여, 이 보살마하살이 이와 같은 지혜를 통달하고는 한량없는 보리를 수순하여 공교하게 생각하는 힘을 성취하였으므로 시방의 한량없는 부처님들이 가지신 한량없는 큰 법의 광명과 큰 법의 비춤과 큰 법의 비를 잠깐 동안에 모두 능히 즐기고 능히 받고 능히 거두고 능히 유지하느니라."

법운지의 이름을 해석하는 내용으로서 여래의 큰 법의 구름을 능히 즐기고, 능히 받고, 능히 거두고, 능히 유지한다

는 뜻이다. 여래의 큰 법의 구름을 이와 같이 할 수 있는 보살이라면 그는 여래의 일을 다 하는 보살이다.

인도에서는 우기雨期가 닥쳐오면 두꺼운 구름이 시커멓게 몰려와서 대지를 온통 캄캄하게 만들고, 비가 내리게 되면 쉴 새 없이 퍼부어 세상을 온통 물바다로 만든다. 부처님 법의 구름도 이와 같이 되기를 꿈꾸면서 경전을 설하였기 때문에 경전에는 비에 비유한 것이 많다. 필자는 이 화엄경이 장마철의 폭우처럼 세상을 온통 화엄의 물바다로 만들었으면 하는 마음이 간절하다.

譬如娑伽羅龍王의 所霔大雨를 唯除大海하고
餘一切處는 皆不能安不能受하며 不能攝不能持인달하니라

"비유하면 사가라 용왕이 내리는 큰 비를 오직 큰 바다를 제외하고는 어떠한 곳에서도 능히 즐기지 못하며, 능히 받아들이지 못하며, 능히 거두지 못하며, 능히 유지하지 못함과 같으니라."

    지금까지 알려진 대로 비가 내리는 과정은 공기 중에 있는 보이지 않는 물방울인 수증기가 불어나서 구름이 되고, 구름이 불어나서 무거워지면 물이 되어 떨어지는 것이다. 이것이 비다. 이러한 과정을 사가라 용왕이 내리는 비라고 표현하였다. 아무리 많은 비라도 큰 바다는 능히 다 받아들인다. 그러나 바다가 아닌 작은 강이나 평지나 논밭은 홍수가 나서 큰 피해를 입게 된다.

여래비밀장
如來秘密藏의 대법명대법조대법우
大法明大法照大法雨도 역부
亦復여시
如是하야 유제제십지보살
唯除第十地菩薩하고 여일체중생
餘一切衆生과 성
聲문독각
聞獨覺과 내지제구지보살
乃至第九地菩薩은 개불능안불능수
皆不能安不能受하며 불능섭불능지
不能攝不能持니라

"여래의 비밀한 법장인 큰 법의 광명과 큰 법의 비춤과 큰 법의 비도 또한 그와 같아서 오직 제10지 보살을 제외하고는 다른 모든 중생이나 성문이나 독각이나 내지 제9지 보살들은 능히 즐기지 못하며, 능히 받지 못하며, 능히 거두지 못하며, 능히 유지하지 못하느니라."

여래의 큰 법의 광명과 큰 법의 비춤과 큰 법의 비도 또한 그와 같아서 제10지 보살을 제외하고 다른 모든 중생이나 성문이나 독각이나 내지 제9지 보살들은 능히 받아들이지 못한다. 그래서 화엄경 공부는 마음이 광대한 중생[大心衆生]이나 할 수 있는 것이라고 말한다. 하지만 마음이 작은 중생이라도 화엄경 공부를 통해서 그 작은 마음이 점점 커지게 된다.

불자야 비여대해가 능안능수능섭능지일대용왕의
佛子야 **譬如大海**가 **能安能受能攝能持一大龍王**의
소주대우하며 약이약삼과 내지 무량 제용왕
所霔大雨하며 **若二若三**과 **乃至無量諸龍王**

雨가 於一念間에 一時霔下라도 皆能安能受하며 能攝能持하나니 何以故오 以是無量廣大器故인달하야

"불자여, 비유하면 마치 큰 바다는 하나의 큰 용왕이 내리는 큰 비를 능히 즐기고 능히 받고 능히 거두고 능히 유지하며, 둘이나 셋이나 내지 한량없는 모든 용왕의 비가 잠깐 동안에 한꺼번에 내리더라도 다 능히 즐기고 능히 받고 능히 거두고 능히 유지함과 같으니라. 왜냐하면 이것은 한량없이 크고 넓은 그릇인 까닭이니라."

큰 바다는 아무리 많은 비가 한꺼번에 내려도 능히 즐기고, 능히 받고, 능히 거두고, 능히 유지한다. 그와 같이 제10지 이상 되는 법의 그릇이라면 화엄경의 가르침을 능히 수용하고 능히 소화한다.

住法雲地菩薩도 亦復如是하야 能安能受能攝

能持一佛의 法明法照法雨하며 若二若三으로 乃至
無量히 於一念頃에 一時演說이라도 悉亦如是일새
是故此地가 名爲法雲이니라

"법운지에 있는 보살도 그와 같아서 한 부처님의 법의 광명과 법의 비춤과 법의 비를 능히 즐기고 능히 받고 능히 거두고 능히 유지하며, 둘이나 셋이나 내지 한량없는 부처님이 잠깐 동안에 한꺼번에 연설하더라도 또한 이와 같으니라. 그러므로 이 지地를 법운지라 이름하느니라."

제10지인 법운지에 머문 보살은 한 부처님의 법의 광명과 법의 비춤과 법의 비를 능히 즐기고 능히 받고 능히 거두고 능히 유지하며, 둘이나 셋이나 내지 한량없는 부처님이 잠깐 동안에 한꺼번에 법을 연설하더라도 또한 다 받아들이고 다 소화한다. 이것을 이름하여 '법의 구름 지위[法雲地]'라 한다.

(2) 삼세여래의 법장法藏을 일념에 다 알다

解脫月菩薩이 言하사대 佛子야 此地菩薩이 於一念間에 能於幾如來所에 安受攝持大法明大法照大法雨니잇고

해탈월보살이 말하였습니다. "불자여, 이 지위의 보살이 한 생각 동안에 몇 여래의 처소에서 큰 법의 광명과 큰 법의 비춤과 큰 법의 비[雨]를 능히 즐기고, 받고, 거두고, 유지[安受攝持]합니까?"

경문이 이쯤에 이르러 문득 해탈월보살이 제10 법운지에 머문 보살이 몇 여래의 처소에서 한 생각에 얼마나 되는 법의 광명과 법의 비춤과 법의 비를 즐기고, 받고, 거두고, 유지하는가를 물었다.

십지품十地品에서는 제10지 보살이 가장 높은 수행의 경지에 오른 것으로 설정되어 있다. 그래서 대승불교의 안목으로 볼 때 여래가 깨달아 알고 있는 모든 법을 다 쏟아부어서

설했기 때문에 해탈월보살은 너무도 놀라워서 질문한 것이다. 도대체 제10지 보살은 몇 분의 부처님에게서 그 큰 법을 즐기고 받아들여 가지는 것인가를 질문한 것이다.

金剛藏菩薩이 言하사대 佛子야 不可以算數로 能知니 我當爲汝하야 說其譬喩호리라

금강장보살이 말하였습니다. "불자여, 산수로는 능히 알 수 없나니, 내가 그대를 위하여 비유로써 말하리라."

佛子야 譬如十方에 各有十不可說百千億那由他佛刹微塵數世界어든 其世界中一一衆生이 皆得聞持陀羅尼하야 爲佛侍者하야 聲聞衆中에

다문제일   여금강연화상불소   대승비구
多聞第一이 **如金剛蓮華上佛所**에 **大勝比丘**호대

연일중생   소수지법   여부중수   불자   어
然一衆生의 **所受之法**을 **餘不重受**하면 **佛子**야 **於**

여의운하   차제중생   소수지법   위유량야
汝意云何오 **此諸衆生**의 **所受之法**이 **爲有量耶**아

위무량야
爲無量耶아

 "불자여, 비유컨대 시방에 각각 열 개의 말할 수 없는 백천억 나유타 부처님 세계의 작은 먼지 수와 같은 세계가 있고, 그 세계들 가운데 있는 낱낱 중생이 모두 듣고 지니는 다라니를 얻고는 부처님의 시자侍者가 되어 성문대중 중에 많이 듣기로 제일인 것이 금강연화상金剛蓮華上부처님 처소의 대승大勝 비구와 같지마는 그러나 한 중생이 받은 법을 다른 이는 거듭하여 다시 받지 않는 다고 하면, 불자여, 그대는 어떻게 생각하는가. 이 모든 중생들의 받은 법이 한량이 있겠는가, 한량이 없겠는가?"

 해탈월보살의 질문에 금강장보살이 비유를 들어 제10지

보살이 얼마나 크고 많은 법을 즐기고, 받고, 거두고, 유지하는가를 밝혔다.

비유 중에 다문제일多聞第一인 아난존자의 이야기가 등장하였다. 아난존자는 부처님의 시자 소임을 25년간이나 살면서 부처님의 법문을 가장 많이 들었다고 한다. 또한 총명이 뛰어나서 한번 들은 법문은 잊지 않고 다 기억하여 제일결집第一結集을 할 때 그동안 들은 법문을 녹음기와 같이 다 외워서 5백 명 장로 비구들의 인증을 받았다고 한다. 마침 그 일은 금강연화상金剛蓮華上 부처님 처소의 대승大勝 비구와 같다고 하였다. 이 이야기를 경문에서 찾을 길은 없지만 아마도 아난존자와 같은 능력을 지니고 같은 일을 한 비구가 있었던 것이다.

그래서 불교의 경전은 아무리 후대에 결집되고 편찬되었더라도 모두가 아난존자가 기억해서 그때의 광경과 설법의 내용을 설명한 것으로 된다. 그 역할을 하는 사람을 경가經家라고 하는데 경문 속의 첫 구절인 "여시아문如是我聞"이나 맨 뒤의 "신수봉행信受奉行"과 같은 것이나, 경문 중간중간의 "누구누구가 부처님의 위신력을 받들어 게송을 설하였습니다."나 혹은 "해탈월보살이 말하였습니다."와 같이 상황을 설명한 것은 모두 경가인 아난존자가 보충한 것으로 되어 있다. 이것은 불교에서는 만고의 철칙으로 되어 있다.

해 탈 월 보 살 언   기 수 심 다   무 량 무 변
解脫月菩薩이 **言**하사대 **其數甚多**하야 **無量無邊**
이니이다

해탈월보살이 말하였습니다. "그 수효가 매우 많아서 한량없고 그지없겠나이다."

금 강 장 보 살 언   불 자   아 위 여 설   영
金剛藏菩薩이 **言**하사대 **佛子**야 **我爲汝說**하야 **令**
여 득 해
汝得解케호리라

금강장보살이 말하였습니다. "불자여, 내가 그대에게 말하여 그대로 하여금 알게 하리라."

불자 차법운지보살   어일불소   일념지경
佛子야 **此法雲地菩薩**이 **於一佛所**에 **一念之頃**에

소안소수소섭소지   대법명대법조대법우
所安所受所攝所持인 **大法明大法照大法雨**의

삼세법장   전이소세계일체중생   소문지법
三世法藏을 **前爾所世界一切衆生**의 **所聞持法**이

어차 백분   불급일   내지비유   역불능급
於此에 **百分**에 **不及一**이며 **乃至譬喩**도 **亦不能及**이니

"불자여, 이 법운지 보살이 한 분의 부처님 계신 데서 한 찰나 동안에 즐기고, 받고, 거두고, 유지한 큰 법의 광명과 큰 법의 비춤과 큰 법의 비인 삼세의 부처님 법장法藏을, 앞에 말한 그러한 세계의 일체 중생이 듣고 지닌 법으로는 백 분의 일에도 미치지 못하며 내지 어떤 비유로도 능히 미칠 수 없느니라."

아무리 많고 많은 중생이 아무리 많고 많은 부처님에게 아무리 오랫동안 법문을 듣고 지닌다 하더라도 제10 법운지 보살이 한 분의 부처님 계신 데서 한 찰나 동안에 즐기고, 받고, 거두고, 유지한 큰 법에는 어떤 산수와 비유로도 능히

미칠 수 없다.

如一佛所_{하야} 如是十方_에 如前所說爾所世界 微塵數佛_이 復過此數_{하야} 無量無邊_{이어든} 於彼一一諸如來所_에 所有法明法照法雨_의 三世法藏_을 皆能安能受_{하며} 能攝能持_{일새} 是故此地_가 名爲法雲_{이니라}

"한 부처님 계신 데서와 같이, 이와 같이 시방에는 앞에서 말한 바와 같은 그렇게 많은 세계의 작은 먼지 수 부처님보다 더 많은 한량없고 그지없는 부처님이 계시거든, 그 낱낱 여래의 처소에 있는 법의 광명과 법의 비춤과 법의 비[雨]인 삼세의 부처님 법장法藏을 모두 다 능히 즐기고, 능히 받고, 능히 거두고, 능히 유지하느니라. 그러므로 이 지地의 이름을 법운지라 하느니라."

그와 같이 많고 많은 부처님의 낱낱 처소에서 그와 같이 많고 많은 삼세 부처님의 법장法藏을 모두 다 능히 즐기고, 능히 받고, 능히 거두고, 능히 유지하는 이가 곧 제10 법운지 보살이라는 것을 설하였다.

(3) 일체 중생의 미혹을 다 소멸하다

_{불자}　_{차지보살}　_{이자원력}　_{기대비운}
佛子야 **此地菩薩**이 **以自願力**으로 **起大悲雲**하며

_{진대법뇌}　_{통명무외}　_{이위전광}　_{복덕지}
震大法雷하며 **通明無畏**로 **以爲電光**하며 **福德智**

_혜　_{이위밀운}　_{현종종신}　_{주선왕반}　_어
慧로 **而爲密雲**하야 **現種種身**하야 **周旋往返**호대 **於**

_{일념경}　_{보변시방백천억나유타세계미진수}
一念頃에 **普徧十方百千億那由他世界微塵數**

_{국토}　_{연설대법}　_{최복마원}
國土하야 **演說大法**하야 **摧伏魔怨**하며

"불자여, 이 지위의 보살이 스스로의 원력으로 크게 자비한 구름을 일으키고, 큰 법의 우레를 진동하며, 육

통六通5)과 삼명三明6)과 두려움 없음은 번개가 되고, 복덕과 지혜는 빽빽한 구름이 되어, 여러 가지 몸을 나타내어 가고 오며 두루 돌아다니면서, 잠깐 동안에 시방으로 백천억 나유타 세계의 작은 먼지 수 국토에 두루 하여 큰 법문을 연설하여 마군과 원수들을 꺾어 굴복시키느니라."

또 법운지의 보살은 원력과 자비가 뛰어나서 큰 법의 우레를 진동하며, 육통六通과 삼명三明과 두려움 없음은 번개가 되고, 복덕과 지혜는 빽빽한 구름이 되어 한순간에 헤아릴 수 없이 많고 많은 국토에 두루 큰 법을 연설하여 마군과 원수들을 꺾어 굴복시킨다.

---

5) 육통六通 : 육종신통력六種神通力・육신통六神通이라고도 한다. 6종의 신통력으로 부사의한 공덕의 작용이다. ① 천안통天眼通 : 육안으로 볼 수 없는 것을 보는 신통. ② 천이통天耳通 : 보통 귀로는 듣지 못할 음성을 듣는 신통. ③ 타심통他心通 : 다른 사람의 의사를 자재하게 아는 신통. ④ 숙명통宿命通 : 지나간 세상의 생사를 자재하게 아는 신통. ⑤ 신족통神足通 또는 여의통如意通 : 부사의하게 경계를 변하여 나타내기도 하고 마음대로 날아다니기도 하는 신통. ⑥ 누진통漏盡通 : 자재하게 번뇌를 끊는 힘.
6) 삼명三明 : 아라한의 지혜에 갖추어 있는 자재하고 묘한 작용. 지혜가 분명히 대경을 아는 것을 명明이라 한다. 6신통神通 중의 숙명통・천안통・누진통에 해당한다.

復過_{부과}此數_{차수}하야 於無量百千億那由他世界微塵_{어무량백천억나유타세계미진}
數國土_{수국토}에 隨諸衆生心之所樂_{수제중생심지소락}하야 霔甘露雨_{주감로우}하야 滅_멸
除一切衆惑塵焰_{제일체중혹진염}일새 是故此地_{시고차지}가 名爲法雲_{명위법운}이니라

"다시 또 이 숫자보다 더 많은 한량없는 백천억 나유타 세계의 작은 먼지 수 국토에서, 모든 중생들의 좋아하는 마음을 따라서 단이슬 비를 퍼부어 일체 온갖 번뇌의 불을 소멸하느니라. 그러므로 이 지_地를 법운지 法雲地라 하느니라."

또 법운지 보살은 한량없는 백천억 나유타 세계의 작은 먼지 수 국토에서 모든 중생들의 좋아하는 마음을 따라서 단이슬 비를 퍼부어 일체 번뇌의 불을 소멸한다. 그래서 법운지라 한다.

(4) 일체 미진국토에 다 수생受生하다

佛子야 **此地菩薩**이 **於一世界**에 **從兜率天下**하야 **乃至涅槃**히 **隨所應度衆生心**하야 **而現佛事**하며

"불자여, 이 지위의 보살이 한 세계에 도솔천으로부터 내려오며 내지 열반에 드시도록 제도받을 중생들의 마음을 따라서 불사를 나타내느니라."

수행자의 모델은 언제나 석가모니 부처님이다. 제10지 보살도 석가모니 부처님처럼 한 세계에 도솔천으로부터 내려와 탄생하고, 출가하고, 수도하며, 교화하고, 내지 열반에 드시도록 제도받을 중생들의 마음을 따라 중생 제도의 불사 짓는 일을 꼭 같이 한다고 밝혔다.

若二若三으로 **乃至如上微塵數國土**하며 **復過於此**하야 **乃至無量百千億那由他世界微塵數國**

土에 皆亦如是일새 是故此地가 名爲法雲이니라

"두 세계나 세 세계로 내지 위에서 말한 작은 먼지 수 국토에 이르며, 또 이보다 훨씬 많은 한량없는 백천억 나유타 세계의 작은 먼지 수 국토에서도 그와 같이 하느니라. 그러므로 이 지地를 법운지라 하느니라."

또 제10지 보살은 한 세계에서 석가모니 부처님이 하신 것과 같이 하며, 또 한량없는 세계에서도 그와 같은 삶을 살 수 있게 되는 것이다. 그래서 법운지라고 한다.

15) 신통에 대하여 밝히다

(1) 신통의 총상總相

佛子야 此地菩薩이 智慧明達하고 神通自在하야

隨其心念하야 能以狹世界로 作廣世界하고 廣世

界로 作狹世界하며 垢世界로 作淨世界하고 淨世界로 作垢世界하며 亂住次住와 倒住正住의 如是無量一切世界를 皆能互作하며

"불자여, 이 지地의 보살이 지혜가 밝게 통달하고 신통이 자재하므로 그 생각을 따라서 능히 좁은 세계를 넓은 세계로 만들고, 넓은 세계를 좁은 세계로 만들며, 더러운 세계를 깨끗한 세계로 만들고, 깨끗한 세계를 더러운 세계로 만들며, 어지럽게 있고, 차례대로 있고, 거꾸로 있고, 바로 있는 이와 같은 한량없는 모든 세계를 다 능히 서로서로 만드느니라."

제10지에 오른 보살은 불법 수행의 최궁극이기 때문에 여래의 큰 법의 구름을 받아서 삼세여래의 법장法藏을 일념에 다 알고, 일체 중생의 미혹을 다 소멸하고, 온갖 미진국토에 다 수생受生한다. 그리고 그 신통력도 상상을 초월한다. 특히 사상事相과 사상이 무장무애한 것은 넓음과 좁음이 걸림

이 없고, 더러움과 청정함이 걸림이 없고, 어지럽게 있고, 차례대로 있고, 거꾸로 있고, 바로 있는 이와 같은 한량없는 모든 세계를 무장무애하게 만든다.

或隨心念하야 於一塵中에 置一世界의 須彌盧
等一切山川호대 塵相如故하고 世界不滅하며

"혹은 생각을 따라서 한 먼지 속에 한 세계의 수미산과 같은 모든 산과 강을 넣더라도 먼지의 모양이 본래와 같고, 세계도 감하지 아니하느니라."

或復於一微塵之中에 置二置三과 乃至不可
說世界의 須彌盧等一切山川호대 而彼微塵이 體
相如本하고 於中世界가 悉得明現하며

"혹은 또 가장 작은 한 먼지 속에 두 세계와 세 세계와 내지 말할 수 없는 세계의 수미산과 모든 산과 강을 넣더라도 저 작은 먼지 모양은 본래와 같고, 그 속에 있는 세계도 다 분명히 나타나느니라."

이 내용은 "하나의 작은 먼지 속에 시방세계가 들어가고 낱낱 작은 먼지 속에도 또한 그와 같다."는 법성게의 내용 그대로다. 단순히 존재하는 모든 것의 이치만 그와 같은 것이 아니라 제10지 보살은 이러한 이치를 몸소 짓고 나타내 보인다.

혹 수 심 념 　　어 일 세 계 중　　시 현 이 세 계 장 엄
或隨心念하야 **於一世界中**에 **示現二世界莊嚴**

내 지 불 가 설 세 계 장 엄　　혹 어 일 세 계 장 엄 중
과 **乃至不可說世界莊嚴**하고 **或於一世界莊嚴中**

시 현 이 세 계　　내 지 불 가 설 세 계
에 **示現二世界**와 **乃至不可說世界**하며

"혹은 생각을 따라서 한 세계 가운데 두 세계의 장

엄과 내지 말할 수 없는 세계의 장엄을 나타내기도 하고, 혹은 한 세계의 장엄 가운데 두 세계와 내지 말할 수 없는 세계를 나타내기도 하느니라."

"혹은 생각을 따라서 한 세계 가운데 두 세계의 장엄과 내지 말할 수 없는 세계의 장엄을 나타내기도 한다."는 것처럼 제10지 보살은 생각으로 상상할 수 있는 일이라면 무엇이든 현실로 다 나타내 보인다. 법운지 보살의 신통력은 이와 같아서 일체가 생각을 다 따른다.

或隨心念하야 以不可說世界中衆生으로 置一世界하고
혹수심념   이불가설세계중중생   치일세계

"혹은 생각을 따라서 말할 수 없는 세계에 있는 중생들을 한 세계에 두기도 하느니라."

혹 수 심 념   이 일 세 계 중 중 생   치 불 가 설
或隨心念하야 以一世界中衆生으로 置不可說

세 계   이 어 중 생   무 소 요 해
世界호대 而於衆生에 無所嬈害하며

"혹은 생각을 따라서 한 세계에 있는 중생들을 말할 수 없는 세계에 두더라도 그 중생들에게는 시끄럽거나 해로움이 없느니라."

혹 수 심 념   어 일 모 공   시 현 일 체 불 경 계 장
或隨心念하야 於一毛孔에 示現一切佛境界莊

엄 지 사
嚴之事하며

"혹은 생각을 따라서 한 모공毛孔에 모든 부처님의 경계와 장엄한 일을 나타내 보이기도 하느니라."

혹 수 심 념   어 일 념 중   시 현 불 가 설 세 계 미
或隨心念하야 於一念中에 示現不可說世界微

塵數身하고 一一身에 示現如是微塵數手하고 一一手에 各執恒河沙數華籢香篋鬘蓋幢幡하야 周徧十方하야 供養於佛하며

"혹은 생각을 따라서 잠깐 동안에 말할 수 없는 세계의 작은 먼지 수의 몸을 나타내고, 낱낱 몸마다 저러한 작은 먼지 수의 손을 나타내고, 낱낱 손마다 항하의 모래 수 같은 꽃바구니와 향香 상자와 화만華鬘과 일산日傘과 당기幢旗와 번기幡旗를 들고 시방으로 돌아다니면서 부처님께 공양하느니라."

一一身에 復示現爾許微塵數頭하고 一一頭에 復現爾許微塵數舌하야 於念念中에 周徧十方하야 歎佛功德하며

"낱낱 몸마다 저러한 작은 먼지 수의 머리를 나타내고, 낱낱 머리에 저러한 작은 먼지 수의 혀를 나타내어, 순간순간 동안에 시방으로 다니면서 부처님의 공덕을 찬탄하느니라."

或隨心念_{하야} 於一念間_에 普徧十方_{하야} 示成正覺_과 乃至涅槃_과 及以國土莊嚴之事_{하며}

"혹은 생각을 따라서 잠깐 동안에 시방에 두루 하여 바른 깨달음을 이루며, 내지 열반에 드는 일과 국토를 장엄하는 일을 보이기도 하느니라."

或現其身_{하야} 普徧三世_{호대} 而於身中_에 有無量諸佛_과 及佛國土莊嚴之事_와 世界成壞_를 靡不

개 현
皆現하며

"혹은 그 몸이 세 세상에 두루 함을 나타내는데, 몸 가운데 한량없는 부처님과 부처님 국토의 장엄한 일이 있기도 하고, 세계가 성취하고 파괴하는 일을 다 나타내느니라."

혹 어 자 신 일 모 공 중   출 일 체 풍   이 어 중 생
或於自身一毛孔中에 **出一切風**호대 **而於眾生**

무 소 뇌 해
에 **無所惱害**하며

"혹은 자신의 한 모공毛孔에서 온갖 바람을 내지마는 중생에게는 시끄럽지 아니하느니라."

혹 수 심 념   이 무 변 세 계   위 일 대 해   차
或隨心念하야 **以無邊世界**로 **爲一大海**하고 **此**

해 수 중   현 대 련 화   광 명 엄 호   변 부 무 량
海水中에 **現大蓮華**호대 **光明嚴好**하야 **徧覆無量**

무변세계 어중 시현대보리수장엄지사
無邊世界어든 **於中**에 **示現大菩提樹莊嚴之事**하고

내지시성일체종지
乃至示成一切種智하며

"혹은 생각을 따라서 그지없는 세계로 하나의 큰 바다를 만들고, 그 바닷물 속에서 큰 연꽃이 나타나는데, 광명이 아름다워 한량없고 그지없는 세계를 두루 덮으며, 그 가운데 큰 보리수를 장엄하는 일을 보이기도 하고, 내지 갖가지 지혜를 성취함을 보이기도 하느니라."

혹어기신 현시방세계일체광명   마니보
或於其身에 **現十方世界一切光明**하야 **摩尼寶**

주 일월성수 운전등광 미불개현
珠와 **日月星宿**와 **雲電等光**을 **靡不皆現**하며

"혹은 그 몸에서 시방세계를 온갖 광명으로 나타내는데 마니구슬과 해와 달과 별과 구름과 번개의 빛으로 모두 나타내느니라."

혹이구허기　　능동시방무량세계　　이불
或以口噓氣하야 **能動十方無量世界**호대 **而不**

령중생　　유경포상
令衆生으로 **有驚怖想**하며

"혹은 입으로 바람을 토해서 시방의 한량없는 세계를 흔들지마는 중생들을 놀라거나 두렵게 하지 아니하느니라."

혹현시방풍재화재　　급이수재
或現十方風災火災와 **及以水災**하며

"혹은 시방의 풍재와 화재와 수재를 나타내느니라."

혹수중생심지소락　　시현색신장엄구족
或隨衆生心之所樂하야 **示現色身莊嚴具足**하며

"혹은 중생의 마음에 좋아함을 따라서 형상을 나타내는데 장엄함이 구족하니라."

或於自身에 示現佛身하고 或於佛身에 而現自身하며 或於佛身에 現己國土하고 或於己國土에 而現佛身하나니

"혹은 자기의 몸에서 부처님의 몸을 나타내고, 혹은 부처님의 몸에서 자기의 몸을 나타내고, 혹은 부처님의 몸에서 자기의 국토를 나타내고, 혹은 자기의 국토에서 부처님의 몸을 나타내느니라."

佛子야 此法雲地菩薩이 能現如是와 及餘無量百千億那由他自在神力이니라

"불자여, 이 법운지 보살이 이와 같은 신통과 그 외에 한량없는 백천억 나유타의 자재한 신통을 나타내느니라."

한마디로 요약하면 법운지에 오른 보살의 신통력은 부처님의 생각이 미치고 상상력이 미치는 모든 것을 다 현실로 나타내 보인다. 위에서 열거한 신통의 힘은 평범한 중생들의 상상이나 공상空想이 아니라 제10지에 오른 보살의 실제적인 신통력이다.

(2) 문답으로 신통에 대한 의심을 끊다

爾時에 會中諸菩薩과 及天龍夜叉와 乾闥婆와
阿修羅와 護世四王과 釋提桓因과 梵天淨居와 摩
醯首羅인 諸天子等이 咸作是念호대 若菩薩의 神
通智力이 能如是者인댄 佛復云何오하니라

그때에 회중에 있는 모든 보살과 천신과 용과 야차와 건달바와 아수라와 세상을 보호하는 사천왕과 제석천왕과 범천왕과 정거천淨居天과 마혜수라의 모든 천자들이 다 함께 이렇게 생각하였습니다. '만약 보살의 신통과 지혜의 힘이 능히 이와 같다면 부처님은 다시 또 어떠하시겠는가?'

천신과 용과 야차와 건달바와 아수라 등 대중들은 대승불교에서 설정한 네 가지 성인의 경지에 근거하여 질문하였다. 즉 성문의 경지보다 높은 것이 연각이고, 연각의 경지보다 높은 것이 보살이고, 보살의 경지보다 높은 것이 부처님이라는 단계를 바탕으로 한 것이다.

爾時_에 解脫月菩薩_이 知諸衆會心之所念_{하고} 白
이시   해탈월보살   지제중회심지소념   백

金剛藏菩薩言_{하사대} 佛子_야 今此大衆_이 聞其菩薩
금강장보살언   불자   금차대중   문기보살

의 神通智力_{하고} 墮在疑網_{이로소니} 善哉_라 仁者_여 爲
  신통지력   타재의망   선재   인자   위

斷彼疑_{하야} 當少示現菩薩_의 神力莊嚴之事_{하소서}
단피의   당소시현보살   신력장엄지사

이때에 해탈월보살이 모든 대중들의 생각을 알고 금강장보살에게 말하였습니다. "불자여, 지금 이 대중들이 보살의 신통과 지혜의 힘을 듣고 의심의 그물에 떨어졌습니다. 거룩하십니다, 어지신 이여. 저들의 의심을 풀기 위하여 보살의 신통한 힘과 장엄하는 일을 조금만 나타내 보여 주십시오."

해탈월보살은 법문을 듣는 대중의 대표이므로 설법의 주인인 금강장보살에게 대중들의 뜻을 알아차리고 질문하였다. 제10지 보살의 지혜와 신통의 경지가 그토록 높다고 한다면 부처님의 경지는 또 얼마나 높을까 하여 의심을 하게 된 것이다. 그래서 금강장보살에게 신통을 직접 보여서 저들의 의심을 풀어 주기를 요청하였다.

(3) 선정에 들어서 신통을 나타내 보이다

시 금강장보살 즉입일체불국토체성삼
時에 **金剛藏菩薩**이 **卽入一切佛國土體性三**

入此三昧時에 諸菩薩과 及一切大衆이 皆自見身이 在金剛藏菩薩身內하야 於中에 悉見三千大千世界의 所有種種莊嚴之事가 經於億劫토록 說不能盡하며

그때에 금강장보살이 곧 일체 부처님 국토의 자체성품 삼매[一切佛國土體性三昧]에 들었습니다. 이 삼매에 들었을 적에 여러 보살과 모든 대중들이 자기의 몸이 금강장보살의 몸 속에 있음을 보았으며, 그 속에서 삼천대천세계에 있는 갖가지 장엄한 일을 보는데, 억 겁을 지내면서 말하여도 다할 수 없었습니다.

금강장보살이 신통을 보이기 위해 먼저 삼매에 들었다. 금강장보살이 삼매에 들었는데 보살과 일체 대중들이 자기의 몸이 금강장보살의 몸 속에 있음을 보았으며, 그 속에서 삼천대천세계에 있는 갖가지 장엄한 일을 다 보게 되었다.

이 또한 무슨 도리인가? 그 많은 대중과 일체 장엄들이 금강장보살의 몸 속에 있다니? 그렇다면 이 세상이 모두 금강장보살의 몸 속이란 말인가? 화엄경의 도리는 작은 먼지 하나 속에 시방세계가 다 들어 있다고 하는데 금강장보살의 몸 속이야 말해서 무엇하겠는가.

又_우於_어其_기中_중에 見_견菩_보提_리樹_수하니 其_기身_신周_주圍_위가 十_십萬_만三_삼千_천大_대千_천世_세界_계요 高_고는 百_백萬_만三_삼千_천大_대千_천世_세界_계요 枝_지葉_엽所_소蔭_음도 亦_역復_부如_여是_시어든 稱_칭樹_수形_형量_량하야 有_유獅_사子_자座_좌하고 座_좌上_상에 有_유佛_불하시니 號_호一_일切_체智_지通_통王_왕이라 一_일切_체大_대衆_중이 悉_실見_견其_기佛_불이 坐_좌菩_보提_리樹_수下_하獅_사子_자座_좌上_상하사 種_종種_종諸_제相_상으로 以_이爲_위莊_장嚴_엄하야 假_가使_사億_억劫_겁이라도 說_설不_불能_능盡_진이러라

또 그 가운데서 보리수나무를 보는데 그 밑동은 십

만 삼천대천세계가 되고, 높이는 백만 삼천대천세계가 되며, 가지와 잎으로 덮인 것도 또한 그와 같으며, 나무의 형체에 알맞게 사자좌가 있고, 그 사자좌 위에 부처님이 계시니 그 명호는 일체지통왕一切智通王이시었습니다. 모든 대중이 보니 그 부처님이 보리수 아래에 있는 사자좌에 앉으셨는데 갖가지 모양으로 장엄한 것은 가령 억 겁을 두고 말하더라도 다할 수 없었습니다.

또 금강장보살의 몸 속에서 보리수나무를 보는데 그 밑동은 십만 삼천대천세계가 되고 높이는 백만 삼천대천세계가 되는 등 일체 현상들이 현재 눈앞에서 펼쳐지고 있는 모습 그대로이다.

金剛藏菩薩금강장보살이 示現如是大神力已시현여시대신력이하시고 還令환령
衆會중회로 各在本處각재본처케하신대 時諸大衆시제대중이 得未曾有득미증유하야

生기특상
生奇特想하고 默然而住하야 向金剛藏하야 一心瞻
앙
仰이러라

금강장보살이 이와 같은 큰 신통을 나타내 보이시고는 다시 모인 대중들로 하여금 각기 제자리에 있게 하였습니다. 그때에 대중들이 전에 없던 일을 보고 기이하고 특별한 생각을 가지고 잠자코 있으면서 금강장보살을 일심으로 우러러보았습니다.

대중들은 잠깐 꿈을 꾸듯이 하고는 다시 본래대로 돌아와서 정신을 차리고 묵묵히 금강장보살을 일심으로 우러러보았다.

(4) 다시 문답으로 결택決擇하다

이시　해탈월보살　백금강장보살언
爾時에 解脫月菩薩이 白金剛藏菩薩言하사대

불자 　　금차삼매　　　심위희유　　　유대세력　　　기
佛子야 **今此三昧**가 **甚爲希有**하야 **有大勢力**하니 **其**

명 하 등
名何等이니잇고

　그때에 해탈월보살이 금강장보살에게 말하였습니다. "불자여, 지금 들어갔던 이 삼매는 매우 희유하옵고 큰 세력이 있습니다. 그 이름이 무엇입니까?"

　　금강장　　언　　　　차삼매　　　명일체불국토체
金剛藏이 **言**하사대 **此三昧**는 **名一切佛國土體**

성
性이니라

　금강장보살이 대답하였습니다. "그 삼매의 이름은 '일체 부처님 국토의 자체 성품'이니라."

　금강장보살이 삼매에 들어갔을 때 그 이름이 소개되었으나 해탈월보살이 다시 물어서 재차 삼매의 이름을 답하였다. "일체 부처님 국토의 자체 성품"이라면 우주법계와 법계에서 일어나는 모든 사실과 혼연히 일체가 된 삼매라는 뜻이다.

又問_{우문}此三昧_{차삼매}가 境界云何_{경계운하}니잇고

또 물었습니다. "이 삼매의 경계는 어떠합니까?"

答言_{답언}하사대 佛子_{불자}야 若菩薩_{약보살}이 修此三昧_{수차삼매}하면 隨心所念_{수심소념}하야 能於身中_{능어신중}에 現恒河沙世界微塵數佛刹_{현항하사세계미진수불찰}하며 復過此數_{부과차수}하야 無量無邊_{무량무변}이니라

대답하여 말하기를, "불자여, 만약 보살이 이 삼매를 닦으면 생각하는 대로 능히 자기의 몸에 항하강의 모래 수 같은 세계의 작은 먼지 수같이 많은 세계를 나타내되, 다시 그보다 더 많아서 한량이 없고 끝이 없느니라."

삼매의 경계는 자기의 몸에 항하강의 모래 수 같은 세계의 작은 먼지 수같이 많은 세계를 나타내고, 다시 또 무량무변하다고 하였다.

불자_야 보살_이 주법운지_에 득여시등무량백천
佛子야 **菩薩**이 **住法雲地**에 **得如是等無量百千**

제대삼매고_로 차보살신_과 신업_을 불가측지_며 어
諸大三昧故로 **此菩薩身**과 **身業**을 **不可測知**며 **語**

어업_과 의의업_과 신통자재_와 관찰삼세_와 삼매경
語業과 **意意業**과 **神通自在**와 **觀察三世**와 **三昧境**

계_와 지혜경계_와
界와 **智慧境界**와

"불자여, 보살이 법운지에 머물러서는 이와 같이 한량없는 백천 가지 큰 삼매를 얻었으므로, 이 보살의 몸과 몸으로 짓는 업을 헤아릴 수 없으며, 말과 말로 짓는 업과 뜻과 뜻으로 짓는 업이 신통하고 자유로워서 세세상을 관찰하는 삼매의 경계와 지혜의 경계와,

유희일체제해탈문 변화소작 신력소작
遊戲一切諸解脫門과 變化所作과 神力所作과

광명소작 약설내지거족하족 여시일체제
光明所作과 略說乃至擧足下足하는 如是一切諸

유소작 내지법왕자 주선혜지보살 개
有所作을 乃至法王子와 住善慧地菩薩이라도 皆

불능지
不能知니라

일체 모든 해탈문에 유희하는 일과, 변화로 짓는 일과, 신력으로 짓는 일과, 광명으로 짓는 일과, 간략하게 말하여 발을 들고 발을 내리는 일과, 이와 같은 일체 모든 여러 가지 짓는 일을 내지 법왕자法王子로서 선혜지善慧地에 머문 보살이라도 다 능히 알지 못하느니라."

제10지 보살이 삼매를 얻어 짓는 여러 가지 일은 오직 제10지 보살만이 이해하고 제9지 이하의 일체 보살이나 연각이나 성문들은 도저히 알지 못한다는 뜻을 밝혔다.

佛子야 此法雲地菩薩의 所有境界가 略說如是

어니와 **若廣說者**인댄 **假使無量百千阿僧祇劫**이라도

亦不能盡이니라

"불자여, 이 법운지 보살의 가진 바 경계를 간략히 말하면 이와 같거니와 만약 널리 말한다면 가령 한량없는 백천 아승지겁 동안이라도 또한 다할 수 없느니라."

법운지 보살이 지닌 일체 경계를 간략히 설한 것이 이와 같다. 만약 자세히 그리고 널리 설한다면 얼마나 될까. 한량없는 백천 아승지겁 동안 설하더라도 다할 수 없다고 하였다.

(5) 보살의 신통경계와 부처님의 신통경계

解脫月菩薩이 **言**하사대 **佛子**야 **若菩薩神通境**

계   여시   불신통력   기부운하
界가 如是인댄 佛神通力은 其復云何니잇고

해탈월보살이 말하였습니다. "불자여, 만약 보살의 신통경계가 이와 같다면 부처님의 신통한 힘은 어떠하겠습니까?"

해탈월보살이 법운지 보살의 신통경계를 듣고 그 무량무변한 내용에 대하여 놀라워한 나머지, 만약 법운지 보살의 경계가 이와 같다면 법운지 보살보다 경계가 훨씬 높은 부처님의 경계는 얼마나 될까를 생각하여 물은 것이다.

금강장   언   불자   비여유인   어사천하
金剛藏이 言하사대 佛子야 譬如有人이 於四天下

       취일괴토   이작시언   위무변세계대지
에 取一塊土하야 而作是言호대 爲無邊世界大地

토   다   위차토   다   아관여문   역부여
土가 多아 爲此土가 多아하야 我觀汝問호니 亦復如

시   여래지혜   무변무등   운하이여보살
是로다 如來智慧는 無邊無等이어니 云何而與菩薩

비량
比量이리오

금강장보살이 말하였습니다. "불자여, 비유하자면 어떤 사람이 사천하에서 한 덩이 흙을 들고 말하기를, '그지없는 세계의 땅덩어리의 흙이 많겠는가, 이 흙이 많겠는가?'라고 한다고 하자. 내가 보건대 그대가 질문한 것도 또한 이와 같으니라. 여래의 지혜는 그지없고 같을 이가 없거늘 어떻게 보살의 지혜와 견주어 말하겠는가."

부차불자　　여사천하　　취소허토　　여자무
復次佛子야 **如四天下**에 **取少許土**하면 **餘者無**

량　　차법운지신통지혜　　어무량겁　　단설소
量이니 **此法雲地神通智慧**도 **於無量劫**에 **但說少**

분　　　황여래지
分이어든 **況如來地**아

"또 다시 불자여, 마치 사천하에서 조그마한 흙을 든 것보다 나머지 흙이 한량없는 것이 이 법운지法雲地의 신통과 지혜를 한량없는 겁 동안에 딘지 조금만 말한 것과 같으니라. 하물며 여래의 경지이겠는가?"

  금강장보살이 비유를 들어서 법운지 보살의 신통경계와 부처님의 신통경계를 밝혔다. 손으로 집은 흙덩이와 이 지구 상에 있는 모든 흙 중 어느 것이 많겠는가를 물어서 비교하였다. 제9지 이하와 제10 법운지와 부처님의 경계를 나누어서 그 경계가 크게 다르다는 점을 분명하게 밝혔다.

불자
佛子야
아금위여
我今爲汝하야
인사위증
引事爲證하야
영여득지
令汝得知
여래경계
如來境界케호리라

  "불자여, 내 이제 그대에게 다른 일을 가지고 증명하여 그대로 하여금 여래의 경계를 알게 하리라."

불자
佛子야
가사시방
假使十方의
일일방
一一方에
각유무변세계미
各有無邊世界微

_{진 수 제 불 국 토}   _{일 일 국 토}   _{득 여 시 지 보 살}
塵數諸佛國土_{하고} **一一國土**_에 **得如是地菩薩**_이

_{충 만}   _{여 감 자 죽 위 도 마 총 림}   _{피 제 보 살}
充滿_{호대} **如甘蔗竹葦稻麻叢林**_{이어든} **彼諸菩薩**_이

_{어 백 천 억 나 유 타 겁}   _{수 보 살 행}   _{소 생 지 혜}
於百千億那由他劫_에 **修菩薩行**_{하야} **所生智慧**_를

_{비 일 여 래 지 혜 경 계}   _{백 분}   _{불 급 일}   _{내 지 우}
比一如來智慧境界_{하면} **百分**_에 **不及一**_{이며} **乃至優**

_{파 니 사 타 분}   _{역 불 능 급}
波尼沙陀分_{에도} **亦不能及**_{이니라}

"불자여, 가령 시방에서 낱낱 방위에 각각 그지없는 세계의 작은 먼지 수같이 많은 부처님의 국토가 있고, 낱낱 국토마다 이와 같은 지地의 보살들이 가득하여 마치 사탕수수, 대나무, 갈대, 벼, 삼대, 숲과 같이 많고, 그 여러 보살들이 백천억 나유타 겁에 보살의 행을 닦아서 생긴 지혜를 한 부처님 지혜의 경계에 비교한다면 백 분의 일에도 미치지 못하고, 내지 우파니사타 분의 일에도 또한 미치지 못하느니라."

금강장보살이 다시 다른 일을 가지고 증명하여 제10지

보살의 경계와 여래의 경계를 비교하여 알게 한 것이다.

(6) 덕德을 설하여 의심을 끊다

佛子야 **此菩薩**이 **住如是智慧**에 **不異如來身語**
意業호대 **不捨菩薩**의 **諸三昧力**하고 **於無數劫**에 **承**
事供養一切諸佛하야

"불자여, 이 보살이 이와 같은 지혜에 머물고는 여래의 몸과 말과 뜻의 업과 다르지 않고, 보살의 여러 삼매의 힘을 버리지도 않으면서 수없는 겁 동안에 일체 모든 부처님을 받들어 섬기며 공양하느니라."

법운지에 오른 보살은 신구의 삼업이 여래의 삼업과 다르지 않다. 그러면서 보살의 모든 삼매의 힘을 버리지 않고 수없는 겁 동안에 일체 모든 부처님을 받들어 섬기며 공양한다. 여래의 삼업과 다르지 않다는 이 한마디 말로 법운지 보살의 높은 경지를 알게 하였다.

一一劫中에 以一切種供養之具로 而爲供養하며
一切諸佛神力所加로 智慧光明이 轉更增勝하야
於法界中에 所有問難을 善爲解釋하야 百千億劫에
無能屈者니라

"낱낱 겁마다 갖가지 공양거리로 공양하였고, 모든 부처님의 신통의 힘으로 가피하여 지혜의 광명이 더욱 증장하고 훌륭하였으며, 온 법계에서 묻는 질문을 잘 해석하여 백천억 겁에라도 능히 굴복시킬 이가 없느니라."

법운지 보살의 덕은 여래의 덕과 실은 같은 점이 많으나 그러나 여래의 덕과는 또한 비교할 수 없다. 이와 같은 내용을 아래에 비유를 들어 밝혔다.

불자 비여금사 이상묘진금 작엄신구
佛子야 **譬如金師**가 **以上妙眞金**으로 **作嚴身具**
　　　　대마니보　　전측기간　　　자재천왕　신자
하고 **大摩尼寶**로 **鈿厠其間**이어든 **自在天王**이 **身自**

복대　　기여천인장엄지구　소불능급
服戴하면 **其餘天人莊嚴之具**의 **所不能及**인달하야

"불자여, 마치 금을 다루는 사람이 상품의 진금으로 몸에 장엄할 거리를 만들고 큰 마니보석으로 사이사이에 박아서 장식한 것을 자재천왕이 몸에 장식하였으면, 다른 천인들의 장엄거리로는 미칠 수가 없느니라."

　　　차지보살　역부여시　　시종초지　내지구
此地菩薩도 **亦復如是**하야 **始從初地**로 **乃至九**

지　일체보살　소유지행　개불능급
地히 **一切菩薩**의 **所有智行**이 **皆不能及**이니라

"이 지地의 보살도 또한 그와 같아서 초지로부터 제9지에 이르는 모든 보살의 지혜와 행으로는 미칠 수 없느니라."

차지보살 지혜광명 능령중생 내지입
此地菩薩의 **智慧光明**은 **能令衆生**으로 **乃至入**

어일체지지 여지광명 무능여시
於一切智智어니와 **餘智光明**은 **無能如是**니

"이 지의 보살의 지혜 광명은 중생으로 하여금 내지 온갖 지혜의 지혜에 들어가게 하나니, 다른 지혜의 광명으로는 능히 이와 같을 수 없느니라."

불자 비여마혜수라천왕광명 능령중생
佛子야 **譬如摩醯首羅天王光明**이 **能令衆生**으로

신심청량 일체광명 소불능급 차지
身心淸凉일새 **一切光明**의 **所不能及**인달하야 **此地**

보살 지혜광명 역부여시 능령중생 개
菩薩의 **智慧光明**도 **亦復如是**하야 **能令衆生**으로 **皆**

득청량 내지주어일체지지 일체성문벽
得淸凉하며 **乃至住於一切智智**일새 **一切聲聞辟**

지불 내지제구지보살 지혜광명 실불능급
支佛과 **乃至第九地菩薩**의 **智慧光明**이 **悉不能及**

이니라

"불자여, 마치 마혜수라천왕의 광명은 능히 중생으로 하여금 몸과 마음을 청량하게 하는 것이어서 모든 광명으로는 미칠 수 없는 것과 같이 이 지의 보살의 지혜 광명도 또한 그와 같아서 중생으로 하여금 서늘함을 얻게 하며, 내지 온갖 지혜의 지혜에 머물게 하는 것이어서, 모두 성문聲聞이나 벽지불辟支佛이나 내지 제9지 보살의 지혜 광명으로는 다 미치지 못하느니라."

마혜수라摩醯首羅는 대자재천大自在天 또는 자재천自在天이라 번역한다. 색계의 정상頂上에 있는 천신天神의 이름이다. 광명이 뛰어나서 그 광명으로 중생들의 마음을 청량하게 한다. 그래서 다른 광명으로는 미칠 수 없다. 제10지 보살의 지혜 광명도 그와 같아서 모두 성문이나 벽지불이나 내지 제9지 보살의 지혜 광명으로는 다 미치지 못한다.

16) 십지十地의 공과功果

(1) 조화롭고 유연한 공과

佛子야 此菩薩摩訶薩이 已能安住如是智慧일새 諸佛世尊이 復更爲說三世智와 法界差別智와 徧一切世界智와 照一切世界智와 慈念一切衆生智하시나니 擧要言之인댄 乃至爲說得一切智智니라

"불자여, 이 보살마하살이 이미 이러한 지혜에 편안히 머물렀는데 모든 부처님 세존이 다시 그에게 삼세의 지혜와, 법계의 차별한 지혜와, 일체 세계에 두루 하는 지혜와, 일체 세계를 비추는 지혜와, 일체 중생을 인자하게 생각하는 지혜를 말하느니라. 중요한 것을 들어 말하자면 일체 지혜의 지혜를 얻도록 말하느니라."

제10지의 공과를 밝혔다. 먼저 조화롭고 유연한 공과다. 모든 부처님 세존이 다시 그에게 삼세의 지혜와, 법계의 차별

한 지혜와, 일체 세계에 두루 하는 지혜와, 일체 세계를 비추는 지혜와, 일체 중생을 인자하게 생각하는 지혜인 다섯 가지 지혜를 설하였다. 그리고 요점만 들어서 말하자면 일체 지혜의 지혜를 얻도록 말하였다고 하였다. 일체 지혜의 지혜[一切智智]는 화엄경에서 자주 등장하는 지혜로서 살바야나薩婆若那를 번역한 말이다. 일체지 중에서도 가장 뛰어난 지혜인데, 즉 부처님의 지혜다.

此菩薩이 十波羅蜜中에 智波羅蜜이 最爲增上이언정 餘波羅蜜을 非不修行이니라 佛子야 是名略說 菩薩摩訶薩의 第十法雲地니 若廣說者인댄 假使 無量阿僧祇劫이라도 亦不能盡이니라

"이 보살이 십바라밀 중에서는 지혜바라밀을 가장 높이 여기지만 다른 바라밀을 닦지 않는 것은 아니니

라. 불자여, 이것을 보살마하살의 제10 법운지法雲地를 간략하게 말함이라 하거니와, 만일 널리 말하자면 가령 한량없는 아승지겁에도 다할 수 없느니라."

법운지 보살은 십바라밀 중에서 마지막 지혜바라밀을 가장 높이 여긴다. 물론 다른 아홉 가지 바라밀을 골고루 다 닦지만 지혜바라밀이 주된 바라밀이고 다른 바라밀은 보조 바라밀이다. 제10지 보살의 법을 지금까지 적게 설명한 것은 아니지만 만약 자세히 설명한다면 한량없는 아승지겁 동안 설해도 다할 수 없다고 하였다.

(2) 과보를 거두는 공과

佛子야 菩薩이 住此地에 多作摩醯首羅天王하야
불자   보살   주차지   다 작 마 혜 수 라 천 왕

於法自在하야 能授衆生聲聞獨覺一切菩薩波羅
어법자재   능수중생성문독각일체보살바라

蜜行하며 於法界中에 所有問難이 無能屈者하며
밀행   어법계중   소유문난   무능굴자

"불자여, 보살이 이 지地에 머물러서는 흔히 마혜수라천왕이 되어 법에 자재하며, 중생들에게 성문聲聞이나 독각獨覺이나 일체 보살의 바라밀행을 주며, 법계 가운데 있는 질문으로는 능히 굽히게 할 이가 없느니라."

제10 지위에 오른 보살은 흔히 마혜수라천왕이 되기도 한다. 법에 자재하며, 중생들에게 성문이나 독각이나 일체 보살의 바라밀행을 주는 능력이 있다. 왕으로서 일체 중생에게 이와 같이 할 수 있다면 법을 가르치고 교화를 하는 데 얼마나 자유로울까. 그 자리에 있으면 그 일을 할 수 있다는 것이 그런 뜻이다. 그래서 사람들은 높은 자리에 오르려고 그렇게 안달을 하는 것인가.

보시애어이행동사
布施愛語利行同事하나니 여시일체제소작업
如是一切諸所作業이

개불리염불
皆不離念佛하며 내지불리염구족일체종
乃至不離念具足一切種과 일체
一切

지 지
智智니라

"보시하고, 좋은 말을 하고, 이익한 행을 하고, 일을 함께하나니, 이와 같이 여러 가지 짓는 업이 모두 부처님을 생각함을 떠나지 아니하며, 내지 갖가지 지혜와 일체 지혜의 지혜를 구족히도록 생각함을 떠나지 아니하느니라."

또 마혜수라천왕이 되어 사섭법인 보시布施와 애어愛語와 이행利行과 동사同事를 뜻대로 행하면서 부처님과 법과 스님을 잊지 않게 하고, 나아가서는 부처님의 지혜인 일체 지혜의 지혜를 잊어버리지 않게 한다.

부 작 시 념   아 당 어 일 체 중 생   위 수   위 승
復作是念호대 **我當於一切衆生**에 **爲首**며 **爲勝**

내지 위 일 체 지 지 의 지 자   약 근 가 정 진
이며 **乃至爲一切智智依止者**라하나니 **若勤加精進**

어 일 념 경   득 십 불 가 설 백 천 억 나 유 타 불 찰
하면 **於一念頃**에 **得十不可說百千億那由他佛刹**

미진수삼매　　내지시현이소미진수보살　이
微塵數三昧하며 **乃至示現爾所微塵數菩薩**로 **以**

위 권 속
爲眷屬이니라

"또 생각하기를 '내가 마땅히 일체 중생들 가운데 머리가 되고, 수승함이 되며, 내지 일체 지혜의 지혜에 의지함이 되리라.'라고 하느니라. 만일 부지런히 정진하면 잠깐 동안에 열 곱절 말할 수 없는 백천억 나유타 부처님 세계의 작은 먼지 수 같은 삼매를 얻으며 내지 저러한 작은 먼지 수 같은 보살을 나타내어 권속을 삼느니라."

법운지에 오른 보살은 또 이와 같은 생각을 한다. '내가 마땅히 일체 중생들 가운데 머리가 되고, 수승함이 되며, 내지 일체 지혜의 지혜에 의지함이 되리라.' 이러한 생각은 모든 수행하는 사람이 보다 많은 사람들을 잘 교화하고 싶은 원력에서 가져 보는 마음이다.

(3) 원력과 지혜의 공과

若以菩薩殊勝願力으로 自在示現인댄 過於此
數니 所謂若修行과 若莊嚴과 若信解와 若所作과
若身과 若語와 若光明과 若諸根과 若神變과 若音
聲과 若行處를 乃至百千億那由他劫에도 不能數
知니라

"만약 보살의 수승한 원력으로 자유롭게 나타내 보이면 이 수보다 훨씬 더 많나니, 이른바 수행과 장엄과 믿고 이해함과 짓는 일과 몸과 말과 광명과 여러 근根과 신통변화와 음성과 행하는 곳을 내지 백천억 나유타 겁에도 능히 헤아려서 알지 못하느니라."

끝으로 제10 법운지 보살의 원력과 지혜의 공과를 밝혔다. 만약 법운지 보살의 수승한 원력으로 자유롭게 나타내 보이면 지금까지 설명한 숫자보다 훨씬 더 많다. 수행과 장엄과 믿고 이해함과 짓는 일과 몸과 말과 광명 등이 모두 그러하다.

유통분 流通分

1. 십지+地의 공덕을 비유로 나타내다

1) 십지의 공덕을 못에 비유하다

佛子야 此菩薩摩訶薩이 十地行相이 次第現前하면 則能趣入一切智智하나니 譬如阿耨達池에 出四大河하니 其河流注하야 徧閻浮提호대 旣無盡竭하고 復更增長하며 乃至入海하야 令其充滿인달하야

"불자여, 이 보살마하살은 십지+地의 행상行相이 차례로 앞에 나타나면 능히 일체 지혜의 지혜에 들어가느니

라. 비유하면 마치 아뇩달지阿耨達池에서 큰 강이 넷이 흘러내리는데 그 강이 남섬부주에 두루 흐른다 해도 다하지 아니하고, 더욱 불어나서 바다에까지 들어가서 가득 차게 하느니라."

　십지품은 십지경十地經이라고도 하여 처음부터 독립된 하나의 경전이었다. 그래서 서분序分과 정종분正宗分과 유통분流通分이라는 서론, 본론, 결론이 다른 품에 비해서 더욱 뚜렷하게 나누어져서 편찬되었다.

　이제 본론이 끝나고 결론에 이르렀다. 그래서 십지十地의 공덕을 여러 비유를 들어 밝히면서 널리 유통되기를 권하는 것이다. 먼저 아뇩달지阿耨達池라는 못에 비유하였다. 무열뇌無熱惱 또는 청량淸凉이라고 번역한다. 염부주閻浮洲의 4대하四大河인 긍가 · 신도 · 박추 · 사다의 근원이다. 설산의 북쪽과 향취산의 남쪽에 있다. 혹은 히말라야 산중의 항하恒河의 수원을 가리키기도 한다. 혹은 서장의 모나사루완호湖를 말한 것이라고도 하나 정확한 것은 아니다.

불자 보살 역이   종보리심   유출선근
佛子야 菩薩도 亦爾하야 從菩提心으로 流出善根

대원지수   이사섭법   충만중생   무유궁
大願之水하야 以四攝法으로 充滿衆生호대 無有窮

진   부갱증장   내지입어일체지혜   영기
盡하고 復更增長하며 乃至入於一切智慧하야 令其

충만
充滿이니라

"불자여, 보살도 그와 같아서 보리심으로부터 착한 뿌리와 큰 서원의 물이 흘러나와서 네 가지 거두어 주는 법[四攝法]으로 중생에게 가득 차게 하지마는 다하지 아니하고, 더욱 불어나서 내지 일체 지혜에까지 들어가서 가득 차게 하느니라."

보살은 보리심菩提心에서 보시, 애어, 이행, 동사인 사섭법으로 중생들을 충만하게 한다. 그러나 보살의 보리심은 다함이 없다. 보살행을 크게 펼칠수록 더욱 불어나는 것이 또한 보리심이다. 보리심菩提心은 곧 불심佛心이며, 깨달음의 마음이며, 지혜와 자비의 마음이다. 또 일체 선한 마음의 근본이다.

2) 십지十地의 공덕을 산에 비유하다

(1) 십산十山의 명칭

불자야 보살십지가 인불지고로 이유차별이 여
佛子야 **菩薩十地**가 **因佛智故**로 **而有差別**이 **如**

인대지하야 유십산왕하니라
因大地하야 **有十山王**하니라

"불자여, 보살의 십지十地가 부처님의 지혜를 인因하여 차별이 있는 것이 마치 땅을 인하여 열 개의 산이 있는 것과 같으니라."

십지十地의 공덕을 산에 비유하면서 열 개의 산을 들었다. 열 개의 산이 각각 특징이 있고 차별이 있는 것을 들어 십지의 차별과 특징을 밝혔다.

何等이 爲十고 所謂雪山王과 香山王과 鞞陀梨
山王과 神仙山王과 由乾陀山王과 馬耳山王과 尼
民陀羅山王과 斫羯羅山王과 計都末底山王과 須
彌盧山王이라

"무엇이 열인가. 이른바 설산雪山과 향산香山과 비타리산鞞陀梨山과 신선산神仙山과 유건타산由乾陀山과 마이산馬耳山과 니민다라산尼民陀羅山과 작갈라산斫羯羅山과 계도말저산計都末底山과 수미로산須彌盧山이니라."

(2) 설산雪山과 제1 환희지

佛子야 如雪山王에 一切藥草가 咸在其中하야
取不可盡인달하야 菩薩所住歡喜地도 亦復如是하야

일체세간경서기예문송주술　함재기중　　설
一切世間經書技藝文頌呪術이 咸在其中하야 說

불가진
不可盡이니라

　"불자여, 마치 설산은 온갖 약초가 거기에 있어서 아무리 캐내어도 다하지 못하듯이 보살이 머물러 있는 환희지歡喜地도 그와 같아서, 일체 세간의 경전과 예술과 글과 게송과 주문과 기술이 모두 그 가운데 있어서 설명하여도 다할 수 없느니라."

　제1 환희지는 설산에 비유하였다. 설산에는 약초가 많아서 아무리 채취해도 다 채취할 수 없듯이 환희지에도 일체 세간의 경전과 예술과 글과 게송과 주문과 기술이 모두 그 가운데 있어서 설명하여도 다할 수가 없다.

(3) 향산香山과 제2 이구지

불자　여향산왕　일체제향　함집기중
佛子야 如香山王에 一切諸香이 咸集其中하야

취불가진   보살소주이구지   역부여시
取不可盡인달하야 **菩薩所住離垢地**도 **亦復如是**하야

일체보살   계행위의   함재기중   설불가진
一切菩薩의 **戒行威儀**가 **咸在其中**하야 **說不可盡**
이니라

 "불자여, 마치 향산은 온갖 향이 모두 거기에 모여서 가져와도 다하지 않듯이, 보살이 머물러 있는 이구지離垢地도 또한 그와 같아서 모든 보살의 계행戒行과 위의威儀가 그 가운데 있어서 설명하여도 다할 수 없느니라."

 제2 이구지는 향산에 비유하였다. 향산에는 향이 많듯이 이구지 보살은 온갖 계행과 온갖 위의가 있어서 다 설명할 수가 없다.

(4) 비타리산鞞陀梨山과 제3 발광지

불자   여비타리산왕   순보소성   일체중
佛子야 **如鞞陀梨山王**이 **純寶所成**이라 **一切衆**

보   함재기중   취불가진   보살소주발
寶가 咸在其中하야 取不可盡인달하야 菩薩所住發

광지   역부여시   일체세간선정신통해탈삼
光地도 亦復如是하야 一切世間禪定神通解脫三

매삼마발저   함재기중   설불가진
昧三摩鉢底가 咸在其中하야 說不可盡이니라

"불자여, 마치 비타리산은 순전한 보배로 되었고 온갖 보배가 거기에 있어서 아무리 취하여도 다하지 않듯이, 보살이 머물러 있는 발광지發光地도 또한 그와 같아서 모든 세간의 선정과 신통과 해탈과 삼매와 삼마발저가 거기에 있어서 설명하여도 다할 수 없느니라."

제3 발광지는 선정과 신통과 해탈과 삼매와 삼마발저가 거기에 있음을 비타리산에 온갖 보배가 있는 데 비유하였다.

(5) 신선산神仙山과 제4 염혜지

불자   여신선산왕   순보소성   오통신선
佛子야 如神仙山王이 純寶所成이라 五通神仙이

함주기중　　　무유궁진　　　보살소주염혜지
咸住其中하야 **無有窮盡**인달하야 **菩薩所住焰慧地**도

역부여시　　　일체도중수승지혜　　함재기중
亦復如是하야 **一切道中殊勝智慧**가 **咸在其中**하야

설불가진
說不可盡이니라

"불자여, 마치 신선산은 순전한 보배로 되었고 오신통을 얻은 신선들이 거기에 있어서 다함이 없듯이, 보살이 머물러 있는 염혜지焰慧地도 또한 그와 같아서 온갖 도道의 수승한 지혜가 거기에 있어 설명하여도 다할 수 없느니라."

(6) 유건타라산由乾陀羅山과 제5 난승지

불자　　여유건타라산왕　　순보소성　　　야차
佛子야 **如由乾陀羅山王**이 **純寶所成**이라 **夜叉**

대신　　함주기중　　　무유궁진　　　　보살소주
大神이 **咸住其中**하야 **無有窮盡**인달하야 **菩薩所住**

난승지　　역부여시　　　일체자재여의신통　　함
難勝地도 **亦復如是**하야 **一切自在如意神通**이 **咸**

재 기 중 　　설 불 가 진
在其中하야 **說不可盡**이니라

"불자여, 마치 유건타라산은 순전한 보배로 되었고 야차신들이 거기에 있어서 다함이 없듯이, 보살이 머물러 있는 난승지難勝地도 또한 그와 같아서 일체 자재하고 뜻대로 되는 신통이 거기에 있어서 설명하여도 다할 수 없느니라."

(7) 마이산馬耳山과 제6 현전지

　불 자 　여 마 이 산 왕 　순 보 소 성 　　일 체 제 과
佛子야 **如馬耳山王**이 **純寶所成**이라 **一切諸果**가

함 재 기 중 　취 불 가 진 　　　보 살 소 주 현 전 지
咸在其中하야 **取不可盡**인달하야 **菩薩所住現前地**도

역 부 여 시 　　입 연 기 리 　성 문 과 증 　함 재 기 중
亦復如是하야 **入緣起理**한 **聲聞果證**이 **咸在其中**

　　설 불 가 진
하야 **說不可盡**이니라

"불자어, 마치 마이산은 순전한 보배로 되었고 모든 과일이 거기에 있어서 취하여도 다하시 않듯이, 보살이

머물러 있는 현전지現前地도 또한 그와 같아서 연기緣起의 이치에 들어가 성문과聲聞果를 증득하는 일이 거기에 있어서 설명하여도 다할 수 없느니라."

(8) 니민다라산尼民陀羅山과 제7 원행지

여니민다라산왕　　순보소성　　　대력용신
如尼民陀羅山王이 **純寶所成**이라 **大力龍神**이

함주기중　　무유궁진　　　보살소주원행지
咸住其中하야 **無有窮盡**인달하야 **菩薩所住遠行地**도

역부여시　　방편지혜독각과증　　함재기중
亦復如是하야 **方便智慧獨覺果證**이 **咸在其中**하야

설불가진
說不可盡이니라

"마치 니민다라산은 순전한 보배로 되었고 기운이 센 용신龍神들이 거기에 있어서 다함이 없듯이, 보살이 머물러 있는 원행지遠行地도 또한 그와 같아서 방편 지혜로 독각獨覺의 과果를 증득하는 일이 거기에 있어서 설명하여도 다할 수 없느니라."

(9) 작갈라산斫羯羅山과 제8 부동지

如^여斫^작羯^갈羅^라山^산王^왕이 純^순寶^보所^소成^성이라 諸^제自^자在^재衆^중이 咸^함
住^주其^기中^중하야 無^무有^유窮^궁盡^진인달하야 菩^보薩^살所^소住^주不^부動^동地^지도
亦^역復^부如^여是^시하야 一^일切^체菩^보薩^살의 自^자在^재行^행差^차別^별世^세界^계가 咸^함
在^재其^기中^중하야 說^설不^불可^가盡^진이니라

"마치 작갈라산은 순전한 보배로 되었고 여러 자재한 무리들이 거기에 있어서 다함이 없듯이, 보살이 머물러 있는 부동지不動地도 또한 그와 같아서 모든 보살의 자재한 행의 차별한 세계가 거기에 있어서 설명하여도 다할 수 없느니라."

(10) 계도말저산計都末底山과 제9 선혜지

如^여計^계都^도末^말底^저山^산王^왕이 純^순寶^보所^소成^성이라 大^대威^위德^덕阿^아修^수

라왕　　함주기중　　　무유궁진　　　　보살소주
羅王이 **咸住其中**하야 **無有窮盡**인달하야 **菩薩所住**

선혜지　　역부여시　　　일체세간생멸지행　　　함
善慧地도 **亦復如是**하야 **一切世間生滅智行**이 **咸**

재기중　　설불가진
在其中하야 **說不可盡**이니라

　"마치 계도말저산은 순전한 보배로 되었고 큰 위덕威德이 있는 아수라왕이 거기에 있어서 다함이 없듯이, 보살이 머물러 있는 선혜지善慧地도 또한 그와 같아서 일체 세간의 나고 사라지는 지혜의 행行이 거기에 있어서 설명하여도 다할 수 없느니라."

(11) 수미로산須彌盧山과 제10 법운지

　여　수미로산왕　　순보소성　　　대위덕제천
如須彌盧山王이 **純寶所成**이라 **大威德諸天**이

함주기중　　무유궁진　　　보살소주법운지
咸住其中하야 **無有窮盡**인달하야 **菩薩所住法雲地**도

역부여시　　　여래력무외불공법일체불사　　　함
亦復如是하야 **如來力無畏不共法一切佛事**가 **咸**

재 기 중   문 답 선 설   불 가 궁 진
在其中하야 問答宣說이 不可窮盡이니라

"마치 수미로산은 순전한 보배로 되었고 큰 위덕이 있는 천신들이 거기에 있어서 다함이 없듯이, 보살이 머물러 있는 법운지法雲地도 또한 그와 같아서 여래의 힘과 두려움 없음과 함께하지 않은 일체 부처님의 일이 거기에 있어서 묻고 대답하고 설명하여도 다할 수 없느니라."

수미로산은 흔히 말하는 수미산이다. 수많은 산 가운데 가장 높은 산으로 알려져서 십지 중에서도 가장 높은 제10 법운지에 비유하였다. 제10지 보살은 여래가 가지고 있는 열 가지 힘과 네 가지 두려움 없음과 열여덟 가지 함께하지 않는 특별한 법과 일체 불사를 다 갖추고 있다고 하였다.

불 자   차 십 보 산 왕   동 재 대 해   차 별 득 명
佛子야 此十寶山王이 同在大海호대 差別得名

二十六. 십지품 + 地品 6

이니 **菩薩十地**도 **亦復如是**하야 **同在一切智中**호대
보살십지　역부여시　　동재일체지중

差別得名이니라
차별득명

"불자여, 이 열 개의 보배산이 다 같이 바다에 있으면서 차별하게 이름을 얻었듯이 보살의 십지十地도 또한 그와 같아서 다 같이 일체 지혜의 안에 있으면서 차별하게 이름을 얻었느니라."

열 개의 산이 모두 큰 바다에 있듯이 보살의 열 가지 지위도 일체 지혜의 안에 있으면서 각각 열 가지로 차별함을 밝혔다. 일체 지혜란 곧 부처님의 지혜다. 그래서 제10 법운지는 곧 여래의 경지임을 나타내고 있다.

3) 큰 과위果位의 공덕을 바다에 비유하다

佛子야 **譬如大海**가 **以十種相**으로 **得大海名**하야
불자　비여대해　　이십종상　　득대해명

불가이탈
不可移奪이니

"불자여, 비유하자면 마치 큰 바다는 열 가지의 모양으로 큰 바다라는 이름을 얻어서 고치거나 빼앗을 수 없느니라."

십지+地의 공덕을 산에 비유하고 나서 모든 산은 바다에 뿌리를 내리고 있듯이 십지도 또한 부처님의 지혜인 일체 지혜 안에 뿌리를 내리고 있음을 비유하였다. 또 바다에는 열 가지 현상이 있어서 큰 바다라는 이름을 얻게 됨을 들고, 일체 지혜에는 열 가지 지위[十地]가 있음을 밝혔다.

하등 위십 일 차제점심 이 불수사
何等이 **爲十**고 **一**은 **次第漸深**이요 **二**는 **不受死**

시 삼 여수입중 개실본명 사 보동일
屍요 **三**은 **餘水入中**에 **皆失本名**이요 **四**는 **普同一**

미 오 무량진보 육 무능지저 칠 광대
味요 **五**는 **無量珍寶**요 **六**은 **無能至底**요 **七**은 **廣大**

無量이요 八은 大身所居요 九는 潮不過限이요 十은
普受大雨호대 無有盈溢인달하야

"무엇이 열인가. 하나는 차례로 점점 깊어짐이요, 둘은 송장을 받아 두지 않음이요, 셋은 다른 물이 그 가운데 들어가면 모두 다 본래의 이름을 잃음이요, 넷은 모두 다 한 맛이요, 다섯은 한량없는 보물이 있음이요, 여섯은 바닥까지 이를 수 없음이요, 일곱은 넓고 커서 한량이 없음이요, 여덟은 큰 짐승들이 사는 곳이요, 아홉은 조수가 기한을 어기지 않음이요, 열은 큰 비를 모두 받아도 넘치지 않음이니라."

菩薩行도 亦復如是하야 以十相故로 名菩薩行이라 不可移奪이니 何等이 爲十고

"보살의 행도 그와 같아서 열 가지 모양으로써 보살의 행이라 이름하여 고치거나 빼앗을 수 없느니라. 무

엇이 열인가."

소위환희지 출생대원 점차심고
所謂歡喜地는 **出生大願**하야 **漸次深故**며

"이른바 환희지歡喜地는 큰 서원을 내어 점점 깊어지는 연고이니라."

바다의 열 가지 모양을 들어서 열 가지 지위를 비유하였다. 첫째, 바다가 점점 깊어지는 것은 환희지에서 큰 서원이 점점 깊어지는 것과 같다.

이구지 불수일체파계시고
離垢地는 **不受一切破戒屍故**며

"이구지離垢地는 일체 파계한 송장을 받지 않는 연고이니라."

바다가 죽은 시체를 받아들이지 않는 것과 같이 이구지

에서는 계율을 깨뜨린 시체와 같은 수행자를 받아들이지 않는다.

發光地_는 捨離世間假名字故_며
（발광지　사리세간가명자고）

"발광지發光地는 세간에서 붙인 거짓 이름[假名字]을 여의는 연고이니라."

바다에 다른 물이 들어가면 모두 다 본래의 강의 이름을 잃어버리는 것과 같이 발광지에서는 세간에서 붙인 거짓 이름을 다 떠난다.

焰慧地_는 與佛功德_{으로} 同一味故_며
（염혜지　여불공덕　동일미고）

"염혜지焰慧地는 부처님의 공덕과 그 맛이 같은 연고이니라."

바다의 물은 어디서나 한맛인 것과 같이 염혜지는 부처님의 공덕과 더불어 동일한 맛이다.

難勝地는 **出生無量方便神通**과 **世間所作衆珍寶故**며

"난승지難勝地는 한량없는 방편과 신통인 세간에서 만드는 여러 가지 보배들을 내는 연고이니라."

바다에 한량없는 보물이 있는 것과 같이 난승지에서는 한량없는 방편과 신통인 세간에서 만드는 여러 가지 보배들을 낸다.

現前地는 **觀察緣生甚深理故**며

"현전지現前地는 인연으로 생기는 매우 깊은 이치를

관찰하는 연고이니라."

바다에서는 그 깊은 바닥까지 이를 수 없는 것과 같이 현전지에서는 인연으로 생기는 무궁무진한 깊은 이치를 관찰한다.

원 행 지　　광 대 각 혜　　선 관 찰 고
遠行地는 **廣大覺慧**로 **善觀察故**며

"원행지遠行地는 넓고 크게 깨닫는 지혜를 잘 관찰하는 연고이니라."

바다가 한량없이 넓고 큰 것과 같이 원행지에서는 넓고 크게 깨닫는 지혜를 잘 관찰한다.

부 동 지　　시 현 광 대 장 엄 사 고
不動地는 **示現廣大莊嚴事故**며

"부동지不動地는 광대하게 장엄히는 일을 나타내 보이

는 연고이니라."

바다에 어마어마하게 큰 동물이 사는 것과 같이 부동지에서는 광대하게 장엄하는 일을 나타내 보인다.

善慧地_는 得深解脫_{하야} 行於世間_{호대} 如實而知_{하야} 不過限故_며

"선혜지善慧地는 깊은 해탈을 얻고 세간으로 다니면서 사실대로 알아서 기한을 어기지 않는 연고이니라."

바다의 조수가 기한을 어기지 않고 들고 나듯이 선혜지에서는 깊은 해탈을 얻고 세간으로 다니면서 사실대로 알아서 기한을 어기지 않는다.

法雲地_는 能受一切諸佛如來_의 大法明雨_{호대}

무 염 족 고
無厭足故니라

"법운지法雲地는 일체 모든 부처님 여래의 큰 법의 밝은 비를 받으나 만족함이 없는 연고이니라."

바다는 아무리 많은 비가 와서 다 받아들여도 넘치는 일이 없듯이 법운지는 일체 모든 부처님 여래의 큰 법의 비를 받아들여서 만족함이 없다. 바다와 십지의 관계를 절묘하게 비유하였다. 얼마나 뛰어난 지혜가 있어서 이와 같이 맞출 수 있을까.

4) 견고한 공덕을 마니주에 비유하다

불자 비여대마니주 유십종성 출과중
佛子야 **譬如大摩尼珠**가 **有十種性**하야 **出過衆**

보 하등 위십
寶하나니 **何等**이 **爲十**고

"불자여, 큰 마니구슬은 열 가지의 성질이 있어서 다

른 보배보다 뛰어나니라. 무엇이 열인가."

一者는 從大海出이요 二者는 巧匠治理요 三者는 圓滿無缺이요 四者는 淸淨離垢요 五者는 內外明徹이요

"하나는 큰 바다에서 나왔고, 둘은 훌륭한 기술자가 다스렸고, 셋은 둥글고 원만하여 흠이 없고, 넷은 청정하여 때가 없고, 다섯은 안팎이 투명하게 밝으니라."

六者는 善巧鑽穿이요 七者는 貫以寶縷요 八者는 置在瑠璃高幢之上이요 九者는 普放一切種種光明이요 十者는 能隨王意하야 雨衆寶物하며 如衆生

心하야 充滿其願인달하야

 "여섯은 교묘하게 구멍을 뚫었고, 일곱은 보배실로 꿰었고, 여덟은 유리로 만든 당기幢旗 위에 달았고, 아홉은 갖가지 광명을 널리 놓고, 열은 왕의 뜻을 따라 여러 가지 보물을 비처럼 내려서 중생들의 마음과 같이 소원을 만족케 하느니라."

 큰 마니구슬은 열 가지의 성질이 있어서 다른 보배보다 훨씬 뛰어나다. 먼저 이와 같은 마니구슬의 덕을 밝히고 보살의 뛰어난 덕이 그와 같다고 하였다.

佛子야 當知菩薩도 亦復如是하야 有十種事하야

出過衆聖하나니 何等이 爲十고

 "불자여, 마땅히 알아라. 보살도 그와 같아서 열 가지 일이 여러 성인보다 뛰어나니라. 무엇이 열인가."

一者는 發一切智心이요 二者는 持戒頭陀에 正行明淨이요 三者는 諸禪三昧가 圓滿無缺이요 四者는 道行이 淸白하야 離諸垢穢요 五者는 方便神通이 內外明徹이요

"하나는 일체 지혜의 마음을 냄이요, 둘은 계행戒行을 가지어 두타頭陀의 바른 행行이 밝음이요, 셋은 모든 선정과 삼매가 원만하여 흠이 없음이요, 넷은 도행道行이 청정하여 모든 때를 여의었음이요, 다섯은 방편과 신통이 안팎으로 사무치게 밝음이니라."

마니구슬이 큰 바다에서 나온 것은 보살이 일체 지혜의 마음을 냄과 같고, 마니구슬을 훌륭한 기술자가 다스렸음은 보살이 계행을 가지어 두타頭陀의 바른 행行이 밝음과 같고, 마니구슬이 둥글고 원만하여 흠이 없음은 보살이 모든 선정과 삼매가 원만하여 흠이 없음과 같고, 마니구슬이 청

정하여 때가 없음은 보살의 도행道行이 청정하여 모든 때를 여의었음과 같고, 마니구슬이 청정하여 안팎이 투명하게 밝음은 보살의 방편과 신통이 안팎으로 사무치게 밝음과 같다.

六者는 緣起智慧로 善能鑽穿이요 七者는 貫以 種種方便智縷요 八者는 置於自在高幢之上이요 九者는 觀衆生行하야 放聞持光이요 十者는 受佛智職하야 墮在佛數하야 能爲衆生하야 廣作佛事니라

"여섯은 연기緣起의 지혜로 잘 뚫었음이요, 일곱은 갖가지 방편과 지혜의 실로 꿰었음이요, 여덟은 자유로운 높은 당기幢旗 위에 있음이요, 아홉은 중생의 행을 관찰하여 법을 들어 지니는 광명을 놓음이요, 열은 부처님 지혜의 직책을 받아 부처님의 숫자 가운데 들어가 중생을 위하여 불사佛事를 널리 지음이니라."

또 마니구슬을 교묘하게 구멍을 뚫었음은 보살이 연기를 깨달은 지혜로 모든 존재의 이치를 잘 꿰뚫었음과 같고, 마니구슬을 보배실로 꿰었음은 보살이 갖가지 방편과 지혜의 실로 꿰었음과 같고, 마니구슬을 유리로 만든 당기幢旗 위에 달았음은 보살이 자유로운 높은 당기 위에 있음과 같고, 마니구슬이 갖가지 광명을 널리 놓음은 보살이 중생의 행을 관찰하여 법을 들어 지니는 광명을 놓음과 같고, 마니구슬이 왕의 뜻을 따라 여러 가지 보물을 비처럼 내려서 중생들의 마음과 같이 소원을 만족케 하는 것은 보살이 부처님 지혜의 직책을 받아 부처님의 숫자 가운데 들어가 중생을 위하여 불사를 널리 지음과 같다. 이와 같이 마니구슬과 보살행의 같은 점을 교묘히 배대하여 밝힘은 참으로 밝고 밝은 지혜가 아니면 어찌 할 수 있는 일이겠는가.

2. 십지十地의 이익을 나타내다

1) 신심信心을 내는 공덕

(1) 이익을 말하여 신심을 내다

佛子야 此集一切種一切智功德菩薩行法門
品은 若諸衆生이 不種善根이면 不可得聞이니라

"불자여, 이 갖가지 지혜와 일체 지혜의 공덕을 모으는 보살행의 법문품은 만약 모든 중생이 착한 뿌리를 심지 않고는 듣지 못하느니라."

십지의 내용을 설한 십지품을 다른 이름으로 표현하면 "갖가지 지혜와 일체 지혜의 공덕을 모으는 보살행의 법문품[集一切種一切智功德菩薩行法門品]"이다. 이 법문품의 공덕은 대단히 많아서 모든 중생이 착한 뿌리를 심지 않고는 듣지 못한다. 즉 선근이 있어야 들을 수 있다는 뜻이다. 깊이 이해하지 못하더라도 화엄경을 공부한다는 사실만으로도 그는 선근이 대단하다고 보아야 한다.

그 이름을 자세히 설명하면, "갖가지 지혜[一切種]"란 일체종지一切種智로서 일체 만법의 별상別相을 낱낱이 정밀하게 아는 지혜이다. 부처님의 지혜에 속한다. 또 "일체 지혜[一切智]"란 일체 제법의 총상總相을 개괄적으로 아는 지혜이다. 그러므로 십지 법문은 모든 존재의 차별함을 아는 지혜와 모든 존재의 평등하고 총체적인 면을 아는 지혜의 공덕을 모으는 보살행의 법문이다.

해 탈 월 보 살   언   문 차 법 문   득 기 소 복
解脫月菩薩이 **言**하사대 **聞此法門**에 **得幾所福**
이니잇고

해탈월보살이 말하였습니다. "이 법문을 들으면 얼마나 되는 복을 얻겠습니까."

金剛藏菩薩이 言하사대 如一切智所集福德하야 聞此法門도 福德如是니 何以故오 非不聞此功德法門하고 而能信解受持讀誦이어든 何況精進하야 如說修行가

금강장보살이 말하였습니다. "일체 지혜를 모으는 복덕과 같이 이 법문을 들은 복덕도 그와 같으니라. 왜냐하면 이 공덕의 법문을 듣지 못하고는 능히 믿고 이해하거나 받아 지니고 읽고 외우지도 못하거든 하물며 꾸준히 정진하고 말한 대로 수행하는 것이겠는가."

해탈월보살의 "이 십지 법문을 들으면 얼마나 되는 복덕을 얻겠느냐?"는 질문에 금강장보살이 "일체 지혜를 모으는 복덕과 같이 이 법문을 들은 복덕도 그와 같다."고 하였다. 이 십지 법문을 듣는 복덕은 실로 대단하다. 부처님이 증득하신 일체 지혜를 모은 복덕과 같다는 것은 부처님의 복덕

을 함께 누린다는 뜻이다.

만약 이 법문을 듣지 못한다면 믿고 이해하고 받아 지니고 읽고 외울 수 없다. 하물며 이러한 이치를 정진하고 수행할 수 있겠는가. 믿고 이해하고 받아 지니고 읽고 외우고 정진하고 수행하는 것은 오로지 이 법문을 듣는 데 있다. 그래서 이 법문을 듣는 것이 얼마나 많은 복덕이 되는가를 물은 것이다. 문사수聞思修 삼혜三慧에서도 듣는 것이 가장 중요하다.

是故當知하라 要得聞此集一切智功德法門하야사
乃能信解受持修習이니 然後에 至於一切智地니라

"그러므로 마땅히 알라. 반드시 이 일체 지혜의 공덕을 모으는 법문을 듣고 나서야 능히 믿고 이해하고 받아 지니고 닦아 익히느니라. 그런 후에야 일체 지혜의 지위에 이를 수 있느니라."

십지 법문을 듣는 일이 무엇보다 중요하며 그 복덕이 또한 훌륭하다는 사실을 분명하게 밝힌 것이다. 그러므로 불자들은 모름지기 부처님이 설하신 대승경전을 많이 들어야 한다. 듣는 것만으로도 크나큰 복덕이 되며, 믿고 이해하고 받아 지니고 읽고 외우고 정진하고 수행하는 것이 자연히 따라오게 되기 때문이다. 법문을 듣는 이익을 말하여 신심을 내게 하는 뜻이 여기에 있음을 밝혔다.

(2) 상서를 나타내다

1〉 땅을 진동시켜 믿음을 내게 하다

爾時_에 佛神力故_며 法如是故_로 十方各有十億 佛刹微塵數世界_가 六種十八相動_{하니} 所謂動_과 徧動_과 等徧動_과 起_와 徧起_와 等徧起_와 踊_과 徧踊_과 等徧踊_과 震_과 徧震_과 等徧震_과 吼_와 徧吼_와 等

偏吼와 **擊**과 **偏擊**과 **等偏擊**이니라
_{변후} _격 _{변격} _{등변격}

이때에 부처님의 위신력과 법이 이와 같은 까닭에 시방으로 각각 십억 세계의 작은 먼지 수 세계가 여섯 가지 열여덟 모양으로 진동하였습니다. 이른바 흔들흔들, 두루 흔들흔들, 온통 두루 흔들흔들하며, 들썩들썩, 두루 들썩들썩, 온통 두루 들썩들썩하며, 울쑥불쑥, 두루 울쑥불쑥, 온통 두루 울쑥불쑥하며, 우르르, 두루 우르르, 온통 두루 우르르하며, 와르릉, 두루 와르릉, 온통 두루 와르릉하며, 와지끈, 두루 와지끈, 온통 두루 와지끈하였습니다.

십억 세계의 작은 먼지 수 세계가 여섯 가지 열여덟 모양으로 진동하였다는 것은 육근六根과 육경六境과 육식六識이라는 사람의 모든 삶의 영역이 온통 법문에 감동한 모습을 상징적으로 표현한 것이다. 어떤 설법이든 글이든 이와 같이 사람에게 감동을 주어야 변화가 있게 된다. 불법은 사람을 변화시키려고 존재한다. 변화시키려면 감동이 있어야 한다.

2) 하늘의 공양을 올리다

兩_우衆_중天_천華_화와 天_천鬘_만과 天_천衣_의와 及_급諸_제天_천寶_보莊_장嚴_엄之_지
具_구와 幢_당幡_번繒_증蓋_개하며 奏_주天_천妓_기樂_악호대 其_기音_음和_화雅_아하야 同_동
時_시發_발聲_성하야 讚_찬一_일切_체智_지地_지의 所_소有_유功_공德_덕하니라

온갖 하늘의 꽃과 하늘의 화만華鬘과 하늘의 옷과 하늘의 보배 장엄거리와 당기幢旗와 번기幡旗와 비단 일산日傘을 비처럼 내리며, 하늘의 음악을 연주하니 그 소리가 화평하여 한꺼번에 소리를 내어 일체 지혜의 지위에 있는 공덕을 찬탄하였습니다.

십지 법문을 다 설하고 나니 시방세계가 6종 18상으로 진동하고 다시 하늘의 공양거리로 공양하였다. 또 하늘의 음악을 연주하며 동시에 발성하여 일체 지혜의 지위에 있는 공덕을 찬탄하였다.

2) 시방세계도 이와 같다

如此世界他化自在天王宮에 演說此法하야 十
方所有一切世界도 悉亦如是러라

이 세계 타화자재천왕의 궁전에서 이 법을 연설하는 것과 같이 시방의 모든 세계에서도 모두 이와 같이 하였습니다.

화엄경의 설법이나 설법을 통하여 나타나는 현상들은 언제나 상설常說이며 변설遍說이다. 그래서 위에서 벌어진 모든 일이 타화자재천에서와 함께 시방세계에서도 역시 그와 같이 나타난 것이다.

3) 타방他方 세계에서 증명하다

爾時에 復以佛神力故로 十方各十億佛刹微塵

數世界外$_{에}$ 有十億佛刹微塵數菩薩$_{이}$ 而來此會$_{하야}$ 作如是言$_{하사대}$

이때에 다시 부처님의 위신력으로 시방으로 각각 십억 세계의 작은 먼지 수 같은 세계 밖에서 십억 세계의 작은 먼지 수 같은 보살들이 이 회상에 와서 이와 같이 말하였습니다.

십지 법문을 증명하기 위해서 시방으로 각각 십억 세계의 작은 먼지 수같이 많은 세계 밖에서 십억 세계의 작은 먼지 수같이 많은 보살들이 이 회상에 와서 금강장보살에게 증명하는 것을 밝혔다. 화엄경 설법에는 항상 증명하는 부분이 있다. 이것은 법문의 내용이 조금도 잘못됨이 없으며 만고의 진리라는 것을 믿게 하는 것이다.

善哉善哉$_{라}$ 金剛藏$_{이여}$ 快說此法$_{이로다}$ 我等$_{도}$

실역동명금강장　　소주세계　각각차별　　실
悉亦同名金剛藏이요 **所住世界**도 **各各差別**호대 **悉**

명금강덕　　불호　　금강당
名金剛德이요 **佛號**도 **金剛幢**이시니

"훌륭합니다, 훌륭합니다, 금강장보살이여. 이 법을 아주 잘 말씀하십니다. 우리들도 다 같이 이름이 금강장이며, 살고 있는 세계가 각각 다르지마는 이름이 다 같이 금강덕이며, 부처님의 명호도 모두 금강당입니다."

경문의 글이 선재선재善哉善哉이다. 이 말은 부처님이나 또는 스승 되는 사람이 제자에게 칭찬하거나 증명할 때 자주 쓰는 말이다. '좋다, 그렇다, 옳다, 잘했다, 훌륭하다'는 뜻으로 번역되지만 그 어떤 말도 "선재선재라."라는 말의 뜻을 드러내지는 못한다. 범어로는 "sādhu(사도娑度) sādhu(사도娑度)"이다.

시방으로 각각 십억 세계의 작은 먼지 수 같은 세계 밖에서 십억 세계의 작은 먼지 수같이 많은 보살들이 이 회상에 와서 금강장보살에게 증명하는 말이다. 이 얼마나 장엄한가. 그 많고 많은 보살들이 모두 같은 이름으로 금강장이다. 세계의 이름은 금강덕이며, 그 세계마다 계시는 부처님의 명호는 모두 금강당이다.

금강金剛이란 금강석을 말하는데 투명하여 빛깔이 없고, 환한 빛이 휘황찬란하여 햇빛을 비추면 여러 가지 빛깔을 나타내고, 밤에는 형광螢光을 발하는 보석으로 청 · 황 · 적 · 백 · 벽碧 등의 빛깔도 있다. 이 금강은 굳고 예리한 두 가지 덕을 가지고 있으므로, 경론 가운데에 굳고 예리한 깨달음의 지혜에 비유한다. 금강과 같은 깨달음의 지혜로 다시 금강과 같은 깨달음의 지혜를 증득하도록 설하신 내용이다.

이 얼마나 환희로운 일인가. 십지 법문은 공간적으로 온 우주법계의 어느 곳에서든 다 통용되는 진리의 가르침이라는 뜻이다. 또한 시간적으로 영원히 변하지 않을 참다운 이치의 가르침이라는 뜻이다.

아 등   주 재 본 세 계 중   개 승 여 래 위 신 지 력
我等도 住在本世界中하야 皆承如來威神之力
           이 설 차 법   중 회 실 등   문 자 구 의   여 차
하야 而說此法호대 衆會悉等하며 文字句義도 與此

소설   무유증감
所說로 **無有增減**이라

"우리들도 본래의 세계에 있으면서 모두 여래의 위신력을 받들어 이 법을 연설합니다. 모인 대중들도 모두 같고, 글자나 구절이나 뜻도 여기에서 설하는 바와 더불어 더 많거나 더 적지 아니합니다."

시방으로 각각 십억 세계의 작은 먼지 수같이 많은 세계 밖에서 십억 세계의 작은 먼지 수같이 많은 보살들이 함께 하는 말씀이다. 어디서나 다 여래의 위신력을 받들어 이 법을 연설하며, 모인 대중들도 모두 다 같고, 글자나 구절이나 뜻도 여기에서 설하는 바와 꼭 같다. 이 십지 법문은 그야말로 시간적으로 상설常說이며 공간적으로 변설偏說이다.

실 이 불 신 력   이 래 차 회   위 여 작 증
悉以佛神力으로 **而來此會**하야 **爲汝作證**하노니

여 아 등   금 자   입 차 세 계   여 시 시 방 일 체 세
如我等이 **今者**에 **入此世界**하야 **如是十方一切世**

界도 悉亦如是하야 而往作證이로라

"모두 부처님의 위신력으로 이 법회에 와서 그대를 위하여 증명합니다. 우리들이 지금 이 세계에 들어온 것처럼 이와 같이 시방의 일체 세계에서도 다 또한 이와 같이 가서 증명합니다."

십억 세계의 작은 먼지 수같이 많은 보살들이 이곳에서 함께 증명하듯이 시방 일체 세계에서도 그와 꼭 같이 증명한다.

3. 게송으로 십지十地를 다시 설하다

1) 게송을 설하는 이유를 밝히다

爾時㈜에 金剛藏菩薩이 觀察十方一切衆會가 普
周法界하시고 欲讚歎發一切智智心하며 欲示現菩
薩境界하며 欲淨治菩薩行力하며 欲說攝取一切
種智道하며 欲除滅一切世間垢하며 欲施與一切
智하며 欲示現不思議智莊嚴하며 欲顯示一切菩
薩諸功德하며 欲令如是地義로 轉更開顯하야 承

불신력   이설송언
佛神力하사 **而說頌言**하니라

　그때에 금강장보살이 시방의 모든 대중이 모인 것이 법계에 두루 함을 관찰하고는 일체 지혜의 지혜에 대한 마음을 발함을 찬탄하려고, 보살의 경계를 나타내 보이려고, 보살의 수행하는 힘을 깨끗이 하려고, 갖가지 지혜를 거두어 가지는 길을 설하려고, 모든 세간의 때를 없애려고, 온갖 지혜를 베풀어 주려고, 부사의한 지혜의 장엄을 나타내 보이려고, 일체 보살의 모든 공덕을 드러내 보이려고, 이와 같은 지위의 뜻을 더욱 열어서 나타내려고 하여, 부처님의 위신력을 받들어 게송으로 말하였습니다.

　십지 법문을 장문으로 다 설하여 마치고 다시 게송으로 요약하여 설한다. 그 설하는 이유를 아홉 가지로 밝혔다. 법화경이나 화엄경은 거의가 다 장문으로 설하고 나서 다시 게송으로 거듭 설한다. 반복하여 익히는 의미도 있지만 장문에서 못다한 내용을 게송에서 좀 더 갖추어서 설하기도 한다.

먼저 시방 일체 대중들이 법계에 두루 함을 관찰하였다는 것은 온 우주법계에 있는 모든 사람 모든 생명을 살펴보고 그들을 대상으로 하여 게송을 설한다는 것이다.

게송으로 거듭 설하는 이유 그 첫째는 "일체 지혜의 지혜에 대한 마음을 발함을 찬탄"하려는 까닭이다. 즉 모든 사람이 일체 존재의 차별과 평등을 꿰뚫어 아는 지혜에 마음을 낸 것을 찬탄한다. 또 보살의 경계를 나타내 보이고, 보살의 수행하는 힘을 깨끗이 하려는 등등 아홉 가지 이유로 게송을 설한다.

2) 듣기를 권하다

기 심 적 멸 항 조 순
其心寂滅恒調順하고

평 등 무 애 여 허 공
平等無礙如虛空하며

이 제 구 탁 주 어 도
離諸垢濁住於道하니

차 수 승 행 여 응 청
此殊勝行汝應聽이이다

그 마음 고요하며 항상 조화롭고 유순하여
평등하고 걸림 없기 허공 같으며

더러운 것 여의고 도道에 머무니
이 수승한 행行을 그대는 들을지니라.

보살의 마음은 항상 고요하고 조화롭고 유순하며, 평등하여 걸림이 없기가 허공과 같다. 일체 번뇌의 더러움을 다 여의어서 높은 불도에 머무니 이 수승한 보살행을 온 우주법계에 있는 모든 사람 모든 생명들은 모두모두 들으라고 권하고 있다.

3) 수행 방편을 설하다

백 천 억 겁 수 제 선   공 양 무 량 무 변 불
百千億劫修諸善하야   **供養無量無邊佛**하며

성 문 독 각 역 부 연   위 리 중 생 발 대 심
聲聞獨覺亦復然하니   **爲利衆生發大心**이로다

백천억 겁 동안에 착한 행 닦아
한량없고 그지없는 부처님께 공양하며
성문과 독각들도 역시 그러해

중생을 이익하게 하려 큰 마음[大心] 내도다.

보살들은 백천억 겁 동안 선행을 닦아서 한량없고 그지없는 부처님께 공양하였다. 또한 성문과 독각들에게도 역시 공경 공양하고 나아가서 일체 생명에게도 다 그와 같이 하였다. 이것은 중생들을 이익하게 하려고 그와 같은 큰 마음을 낸 것이다. 화엄경 공부는 대심중생大心衆生이 하는 것이라고 하였는데 오로지 중생을 이익하게 하고자 하는 마음이 곧 대심大心이다.

정근 지계 상 유 인
精勤持戒常柔忍하고

참괴 복 지 개 구 족
慚愧福智皆具足하며

지 구 불 지 수 광 혜
志求佛智修廣慧하야

원 득 십 력 발 대 심
願得十力發大心이로다

면밀하고 부지런히 계행을 갖고 참고 유순하며
부끄러움과 복과 지혜 다 구족하고
부처님 지혜 구하려고 넓은 지혜 닦으며
열 가지 힘 얻고자 큰 마음 내도다.

보살의 갖가지 수행 방편을 열거하였다. 계행과 유화인욕과 부끄러워함과 복과 지혜를 다 구족하여 부처님 지혜를 구한다. 나아가서 부처님의 열 가지 힘을 얻으려고 이와 같은 큰 마음을 낸다. 큰 마음은 보리심이며 불심佛心이다. 지혜와 자비의 마음이다.

삼 세 제 불 함 공 양
三世諸佛咸供養하고

일 체 국 토 실 엄 정
一切國土悉嚴淨하며

요 지 제 법 개 평 등
了知諸法皆平等하야

위 리 중 생 발 대 심
爲利衆生發大心이로다

삼세의 부처님들 다 공양하고
일체 모든 국토를 깨끗이 장엄하며
모든 법이 평등함을 분명히 알고
중생을 이익하게 하려 큰 마음 내도다.

과거 현재 미래의 모든 사람 모든 생명을 부처님으로 받들어 섬기고 공양 공경하는 것이 불교가 하는 일이다. 그것이 또한 온 세상 일체 국토를 청정하게 장엄하는 일이다.

모든 법이 다 평등함을 깨달아 오로지 중생들을 이익하게 하려고 큰 마음을 내는 것이다. 이것이 보살의 수행 방편이다.

주어초지생시심 영리중악상환희
住於初地生是心하야 **永離衆惡常歡喜**하며

원력광수제선법 이비민고입후위
願力廣修諸善法하야 **以悲愍故入後位**로다

초지初地에 머물러서 이 마음 내고
온갖 악을 아주 떠나 항상 기쁘며
원력으로 선한 법을 널리 닦아서
어여삐 여김으로 다음 지위에 들도다.

오로지 중생을 이익하게 하려는 마음을 내는 것, 그것이 발심이다. 발심을 함으로 일체 악을 멀리 떠나게 되어 항상 기쁨이 넘친다. 이것을 십지에서는 첫 환희지歡喜地라 한다. 그리고 원력이 점점 커져서 모든 선한 법을 널리 닦아 중생을 더욱 어여삐 여기는 까닭에 다음의 지위인 제2 이구지離垢地

에 들어간다.

<blockquote>

계문구족염중생
戒聞具足念衆生하야

척제구예심명결
滌除垢穢心明潔하며

관찰세간삼독화
觀察世間三毒火하야

광대해자취삼지
廣大解者趣三地로다

계행과 다문多聞을 갖추고 중생을 생각하며
더러운 때 씻으니 마음이 깨끗해져서
세간에서 세 가지 독한 불 관찰하여
넓고 크게 아는 이가 제3지에 나아가도다.

</blockquote>

보살은 계행을 갖추고 법문을 많이 듣고 또 자비심으로 중생들을 생각하므로 자아만을 생각하는 이기심의 때를 다 씻어 마음이 밝고 맑다. 또 세간의 탐욕과 분노와 어리석음의 불을 꿰뚫어 살펴서 넓고 크게 이해하므로 보살의 제3 발광지發光地에 나아간다.

삼 유 일 체 개 무 상　　　　　여 전 입 신 고 치 연
三有一切皆無常이라　　　　**如箭入身苦熾然**하니

염 리 유 위 구 불 법　　　　　광 대 지 인 취 염 지
厭離有爲求佛法하는　　　　**廣大智人趣焰地**로다

삼유三有 일체가 다 무상함이라

화살에 맞은 듯이 고통이 치성하니

유위有爲를 떠나서 불법佛法 구하려

큰 지혜 있는 이가 염혜지焰慧地에 나아가도다.

욕계와 색계와 무색계는 모두 유위의 법이며 무상하여 그곳에 사는 일이 마치 화살에 맞은 듯이 고통이 치성하다. 이와 같은 삼계를 떠나 불법을 구하려고 제4 염혜지에 나아간다.

염 혜 구 족 득 도 지　　　　　공 양 백 천 무 량 불
念慧具足得道智하야　　　　**供養百千無量佛**하고

상 관 최 승 제 공 덕　　　　　사 인 취 입 난 승 지
常觀最勝諸功德하니　　　　**斯人趣入難勝地**로다

지혜가 구족하여 도지道智를 얻고
한량없는 백천의 부처님께 공양하며
가장 수승한 모든 공덕을 늘 관찰하니
이 사람이 난승지難勝地에 들어가도다.

도지道智란 10지智의 하나로서 도제道諦의 이치를 증득하는 지혜이다. 어떤 지혜든 지혜를 구족한다는 것은 한량없는 백천억 부처님께 공양하는 마음의 기본이 된다. 지혜가 없고 어찌 부처님을 볼 수 있으며 공양할 수 있겠는가. 그것이 가장 수승한 공덕이 되어 제5 난승지에 들어간다.

지 혜 방 편 선 관 찰
智慧方便善觀察하야
종 종 시 현 구 중 생
種種示現救衆生하며
부 공 십 력 무 상 존
復供十力無上尊하야
취 입 무 생 현 전 지
趣入無生現前地로다

지혜와 모든 방편 잘 관찰하고
가지가지 나타내어 중생 구하며
십력十力의 무상존께 공양 올리어

생멸 없는 현전지現前地에 들어가도다.

현전지에 들어가는 법문을 간략히 밝혔다. 지혜와 방편을 잘 관찰하고 가지가지 법으로 중생을 구제하며 열 가지 힘으로 표현되는 가장 높은 분, 즉 부처님께 공양 올린다. 이것이 제6 현전지의 법이다.

세 소 난 지 이 능 지
世所難知而能知하야

불 수 어 아 이 유 무
不受於我離有無라

법 성 본 적 수 연 전
法性本寂隨緣轉하니

득 차 미 묘 향 칠 지
得此微妙向七地로다

세상에서 모르는 것 능히 다 알고
나를 감수하지 않고 유有와 무無를 떠나며
법의 성품 고요하나 인연 따라 구르니
미묘한 지혜 얻어 제7지에 향하도다.

세상에서는 알 수 없는 것까지 다 알고 '나'라는 것을 받아들이지 아니하며 있음과 없음을 다 떠난다. 또 법의 성품은 본래로 고요한데 그러나 인연을 따라서 이리저리 전변한다. 이 미묘한 도리가 제7 원행지遠行地의 법이다.

지혜방편심광대   난행난복난요지
智慧方便心廣大하야   **難行難伏難了知**라

수증적멸근수습   능취여공부동지
雖證寂滅勤修習하야   **能趣如空不動地**로다

지혜와 방편이며 광대한 마음
행하기 어렵고 조복받기 어렵고 알기 어려워
비록 적멸을 증證하고도 부지런히 닦아서
허공 같은 부동지不動地에 나아가도다.

지혜와 방편과 광대한 마음을 행하기 어렵고 조복받기 어렵고 알기 어려운데 비록 적멸을 증득하고도 항상 부지런히 닦아서 허공과 같이 텅빈 제8 부동지에 나아간다.

불권영종적멸기　　　　광수종종제지업
佛勸令從寂滅起하야　　**廣修種種諸智業**하시니

구십자재관세간　　　　　이차이승선혜지
具十自在觀世間하야　　**以此而昇善慧地**로다

부처님의 권하는 말씀 적멸에서 일어나

가지가지 지혜 업業을 널리 닦아서

열 가지 자재를 구족하고 세간을 관찰하여

이것으로 선혜지善慧地에 올라가도다.

　

부처님의 말씀은 모두 적멸한 자리에서부터 일어난 것이다. 가지가지 지혜의 업을 널리 닦아서 열 가지 자재를 구족하였다. 제9 선혜지 법문에서 밝힌 열 가지 자재[十自在]는 "목숨에 자재하고, 마음에 자재하고, 재물에 자재하고, 업에 자재하고, 나는 데 자재하고, 서원에 자재하고, 아는 데 자재하고, 뜻대로 하는 데 자재하고, 지혜에 자재하고, 법에 자재함을 얻었다."[7]라고 하였다.

---

7) 佛子아 菩薩이 成就如是 身智已에 得命自在와 心自在와 財自在와 業自在와 生自在와 願自在와 解自在와 如意自在와 智自在와 法自在하나니라.

이미묘지관중생	심행업혹등조림
以微妙智觀衆生의	**心行業惑等稠林**하고
위욕화기영취도	연설제불승의장
爲欲化其令趣道하야	**演說諸佛勝義藏**이로다

미묘한 지혜로써 중생의 심행心行과

업과 미혹 등 빽빽한 숲을 관찰하고

그들을 교화하여 도道에 나아가게 하려고

모든 부처님의 깊은 도리를 연설하도다.

보살이 미묘한 지혜로써 중생들의 현상을 깊이 관찰하니 온갖 마음 씀씀이와 업과 미혹들이 빽빽한 숲과 같아서 물샐 틈마저 없다. 실로 중생들은 평소에는 아무렇지 않은 것 같으나 그 속에 세세생생 쌓고 쌓은 어떤 업의 덩어리가 도사리고 있는지 아무도 모른다. 참으로 불가사의하다고밖에 달리 표현할 길이 없다. 조용히 잠복하고 있던 업이 때가 되거나 바깥 경계를 만나면 본인 스스로도 짐작하지 못했던 업의 작용이 일어난다. 무시이래로 익히고 익힌 것들이다. 참으로 두렵고도 조심스럽다. 그들을 교화하여 자비와 지혜의 불심佛心의 길로 나아가게 하려고 모든 깨달은 성인들의 가르침을 연설하는 것이다.

　　　차 제 수 행 구 중 선　　　　내 지 구 지 집 복 혜
　　　次第修行具衆善하야　　　**乃至九地集福慧**하며

　　　상 구 제 불 최 상 법　　　　득 불 지 수 관 기 정
　　　常求諸佛最上法하야　　　**得佛智水灌其頂**이로다

차례대로 수행하여 온갖 선을 구족하여
제9지에 이르러서 복과 지혜 쌓아 모으고
부처님의 가장 높은 법을 항상 구하여
부처님 지혜의 물을 머리에 붓도다.

날마다 달마다 연년세세 선한 일을 갖추고 또 갖추어서 복덕과 지혜를 모으고 또 모아 모든 부처님의 가장 높은 법을 항상 구하여 끝내에는 부처님으로부터 지혜의 물을 머리에 붓는 관정灌頂의 경지에 이르게 한다. 이와 같이 보살의 수행 방편을 간략히 설하였다.

4) 삼매三昧를 얻다

획 득 무 수 제 삼 매   역 선 요 지 기 작 업
獲得無數諸三昧하며   **亦善了知其作業**하니

최 후 삼 매 명 수 직   주 광 대 경 항 부 동
最後三昧名受職이라   **住廣大境恒不動**이로다

수없이 많은 삼매 골고루 얻고
삼매가 짓는 업도 분명히 알아
최후의 삼매 이름 '직책을 받음[受職]'이라
광대한 경계에 머물러 움직이지 않도다.

보살은 삼매란 삼매는 모두 다 얻어 그 삼매가 일으키는 업도 잘 안다. 여러 가지 삼매 중에서 최후의 삼매는 '직책을 받음[受職]'이라는 삼매인데 여래가 할 책임을 모두 받아서 여래를 대행하는 삼매이다. 광대한 경계에 머물러 중생 구제의 보살행을 하되 무공용의 보살행을 펼친다.

삼매三昧란 삼마제(三摩提 · 三摩帝) · 삼마지三摩地라 음역하는데 일반적으로는 정定 · 등지等持 · 정수正受 · 조직정調直定 · 정심행처正心行處라고 번역한다. 산란한 마음을 한 곳에 모

아 움직이지 않게 하며, 마음을 바르게 하여 망념에서 벗어나는 것을 이른다. 그러나 화엄경에서는 정각에 의한 지혜와 자비로 중생들에게 보살행을 왕성하게 펼치는 것을 뜻한다.

5) 지위를 받다

보살득차삼매시
菩薩得此三昧時에

대보련화홀연현
大寶蓮華忽然現커늘

신량칭피어중좌
身量稱彼於中坐하니

불자위요동관찰
佛子圍繞同觀察이로다

보살이 이 삼매를 얻었을 때에
큰 보배연꽃이 홀연히 앞에 나타나
연꽃같이 큰 몸으로 그 위에 앉으니
불자들이 에워싸고 우러러보도다.

화엄경의 이치로서 수행의 원인과 결과를 나타낼 때 연꽃으로 많이 상징한다. 연꽃은 원인인 꽃과 결과인 열매가 함께 있다고 하여 인과因果가 동시同時라고 한다. 그것을 "처음 발심했을 때에 곧 정각을 이룬다[初發心時便正覺].”고 하였다. 즉 보살이 초지로부터 십지에 이른 것이 연꽃이 인과가 동시라는 것과 같다는 것을 나타내 보인 것이다. 화엄경에서는 수행을 쌓아서 어떤 지위에 오르더라도 그와 같이 인과가 동시인 지위에 오른다.

방 대 광 명 백 천 억
放大光明百千億하야

멸 제 일 체 중 생 고
滅除一切衆生苦하고

부 어 정 상 방 광 명
復於頂上放光明하야

보 입 시 방 제 불 회
普入十方諸佛會로다

찬란한 백천억 줄기 큰 광명을 놓아
일체 중생의 모든 고통 없애 버리고
정수리에서 또다시 광명을 놓아
시방의 모든 부처님 회상에 두루 들어가도다.

일체 중생의 모든 고통을 없애 버리는 찬란한 백천억 줄기의 큰 광명이란 곧 화엄경의 가르침인 수행의 씨앗 광명[因光]이다. 이 화엄경의 가르침으로 일체 중생의 모든 고통을 소멸하고 일체 문제를 해결한다. 또 보살이 정수리에서 다시 광명을 놓아 시방의 모든 부처님 회상에 두루 들어가는 것은 보살의 수행 결과의 광명[果光]이 부처님의 수행 결과의 광명과 다르지 않음을 나타내 보인 것이다.

실 주 공 중 작 광 망
悉住空中作光網하야

공 양 불 이 종 족 입
供養佛已從足入하니

즉 시 제 불 실 요 지
卽時諸佛悉了知

금 차 불 자 등 직 위
今此佛子登職位로다

모두 공중에서 광명 그물이 되어서
부처님께 공양하고 발밑으로 들어가니
그때에 모든 부처님은
이 불자들이 직책 받는 지위에 오른 것을 알도다.

보살의 정수리에서 놓은 광명이 시방 모든 부처님의 회상에 두루 들어가서 공중에서 광명 그물을 만들었다가 부처님께 공양하고는 다시 부처님의 발밑으로 들어간 것은 보살의 수행 결과가 부처님의 수행 원인과 하나임을 나타내 보인 것이다. 그때에 모든 부처님은 그 보살들이 모두 부처님의 직책을 받는 지위에 오른 것을 알았다.

시 방 보 살 래 관 찰   수 직 대 사 서 광 조
十方菩薩來觀察하니   **受職大士舒光照**하며

제 불 미 간 역 방 광   보 조 이 래 종 정 입
諸佛眉間亦放光하사   **普照而來從頂入**이로다

시방의 보살들이 와서 살피니
직책 받은 보살들은 광명을 펴고
모든 부처님은 미간에서 또 광명을 놓아
널리 비추고는 다시 와서 정수리로 들어가도다.

시방의 보살들이 와서 관찰하여 보니, 수행이 한껏 높아 직책을 받은 보살들은 다시 광명을 놓고 모든 부처님은 미간에서 광명을 놓아 널리 비추고는 다시 돌아와서 정수리로 들어갔다. 이 광경을 컴퓨터로 그려서 나타낸다면 그 광경이 어떠할까. 다시 설명하면 시방의 보살들이 보고 있는데 막 수행을 다 마치고 직책을 받은 보살들이 광명을 펴시 환

하게 비추고 있는데 부처님이 오히려 보살들이 증명하는 앞에서 미간에서 광명을 놓았다가 다시 정수리로 들어가는 모습을 연출하여 보인 것이다. 이 광경은 또 무슨 의미일까.

시방세계함진동
十方世界咸震動하고   일체지옥고소멸
一切地獄苦消滅이라

시시제불여기직
是時諸佛與其職하시니   여전륜왕제일자
如轉輪王第一子로다

시방의 세계가 다 진동하고
모든 지옥 고통이 다 소멸되거늘
그때에 부처님이 직책을 주어
전륜왕의 태자가 되듯 하니라.

보살이 수행을 쌓아서 최종 목표에 이르면 그곳이 부처님의 직책을 맡아서 부처님이 하시는 중생 교화의 막중한 책임을 대신하는 경지이다. 그것은 세속의 경우에 비유하면 전륜왕이 태자에게 왕의 직책을 물려주는 것과 같다. 이와 같은 십지의 법문이 끝나니 시방세계는 6종 18상으로 진동하였다. 보살들의 6근과 6경과 6식이라는 모든 삶의 영역이 감동의 물결로 출렁이며 그칠 줄을 모른다. 이와 같은 세상에 무슨 지옥의 고통이 있겠는가. 시방세계가 다 이와 같이 되어야 하리라.

약 몽 제 불 여 관 정   시 즉 명 등 법 운 지
若蒙諸佛與灌頂이면   **是則名登法雲地**라

만약 정수리에 부처님이 물을 부으면
이것이 법운지에 오른 것이니라.

　보살의 수행이 가장 높은 경지에 오르면 그것을 여래의 직책을 받는 지위[守職位]라 하고, 또는 머리에 물을 붓는 관정의 지위[灌頂位]라 한다. 그것을 십지에서는 제10 법운지法雲地라 한다.

6) 지혜가 광대하다

지혜증장무유변 개오일체제세간
智慧增長無有邊하야 **開悟一切諸世間**호대

욕계색계무색계 법계세계중생계
欲界色界無色界와 **法界世界衆生界**와

유수무수급허공 여시일체함통달
有數無數及虛空이여 **如是一切咸通達**이로다

지혜가 점점 늘어 끝 간 데 없어

일체 모든 세간을 다 깨우쳐 주며

욕심세계 형상세계 무형세계와

법계와 모든 세계 중생세계들

셀 수 있고 셀 수 없는 허공까지

이런 것을 모두 다 통달했도다.

지혜가 광대함을 밝힌 게송이다. 보살의 지혜가 끝없이 광대하여 모든 세간을 다 깨우쳐 주며, 욕계와 색계와 무색계와 법계와 세계와 중생계와 수가 있거나 수가 없는 허공계까지 이와 같은 일체를 모두 다 통달하였다.

| 일체화용대위력 | 제불가지미세지 |
| **一切化用大威力**과 | **諸佛加持微細智**와 |

| 비밀겁수모도등 | 개능여실이관찰 |
| **秘密劫數毛道等**을 | **皆能如實而觀察**이로다 |

일체를 교화하는 큰 위덕威德의 힘과

모든 부처님이 가피하는 미세한 지혜와

비밀한 많은 겁과 범부들[毛道等]까지

모두 다 사실대로 관찰하도다.

보살의 지혜가 광대하여 일체 중생을 다 교화하는 큰 위덕의 힘과 모든 부처님이 가피하시는 미세한 지혜와 비밀하여 아무나 알 수 없는 겁의 수효와 한량없는 중생들까지 이 모두를 사실과 같이 빠짐없이 관찰한다.

| 수생사속성정도 | 전묘법륜입열반 |
| **受生捨俗成正道**와 | **轉妙法輪入涅槃**과 |

| 내지적멸해탈법 | 급소미설개능료 |
| **乃至寂滅解脫法**과 | **及所未說皆能了**로다 |

태어나고 집을 떠나 바른 도를 이룸과
미묘한 법륜 굴림과 열반에 듦과
적멸하고 해탈하는 그러한 법과
아직 설하지 않은 것까지 능히 다 알도다.

보살이 지혜가 광대하여, 석가모니 부처님이 태어나고, 출가하고, 마군을 항복받아 정각을 이루고, 중생들을 깨우치기 위하여 미묘한 법륜을 굴리고, 그런 뒤에 열반에 드신 일까지 자세히 안다. 불교를 공부하는 데는 이와 같이 교조이신 석가모니 부처님의 생애와 사상을 먼저 잘 알아야 한다. 이것도 또한 지혜다. 그러고는 적멸한 이치와 해탈의 법을 알아 그 해탈을 증득하는 것이 불교를 공부하는 지혜이다.

7) 이름을 해석하다

보 살 주 차 법 운 지　　　구 족 염 력 지 불 법
菩薩住此法雲地에　　　具足念力持佛法하니

비 여 대 해 수 용 우　　　차 지 수 법 역 부 연
譬如大海受龍雨하야　　**此地受法亦復然**이로다

보살이 법운지法雲地에 머물고 나서
생각하는 힘을 구족하여 불법 지니니
큰 바다가 장마철의 많은 비를 모두 받듯이
이 지위에서 받는 법도 그와 같도다.

법운지法雲地라는 이름을 간단히 해석한다. 보살이 생각하는 힘을 구족하고 나서 법운지에서 받아야 할 법을 다 받아들인다. 큰 바다가 장마철의 많은 비를 모두 받아들여도 조금도 넘치는 일이 없는 것과 같다.

시 방 무 량 제 중 생　　　실 득 문 지 지 불 법
十方無量諸衆生이　　**悉得聞持持佛法**이라도

어 일 불 소 소 문 법　　　과 어 피 수 무 유 량
於一佛所所聞法이　　**過於彼數無有量**이로다

시방의 한량없는 모든 중생들이
부처님의 법을 얻어 듣고 지니었어도

한 부처님 계신 데서 들은 불법이
저보다 많아서 한량없도다.

　법운지 보살이 한 분의 부처님 계신 데서 들은 법문은 모든 중생이 시방세계에서 부처님의 법을 얻어 지닌 것과 비교할 수 없다. 시방세계의 무수한 중생이 아무리 많은 법을 얻어 들었다 하더라도 그것은 중생의 수준으로 법을 들은 것이기 때문이다. 법운지 보살의 법이 한량없이 높다는 것을 밝혔다.

이 석 지 원 위 신 력　　　　　　일 념 보 변 시 방 토
以昔智願威神力으로　　　　**一念普徧十方土**하야

주 감 로 우 멸 번 뇌　　　　　　시 고 불 설 명 법 운
霔甘露雨滅煩惱일새　　　　**是故佛說名法雲**이로다

옛적의 지혜와 서원과 위신력으로
잠깐 동안에 시방 국토에 널리 퍼지게 하여
감로법의 비를 내려 번뇌를 소멸하니
그러므로 법운지法雲地라 이름하도다.

법운지 보살의 법은 위대하며 옛적에 닦은 지혜와 서원과 위신력으로 잠깐 동안에 시방 국토에 널리 퍼지게 하는 감로법의 비를 내려 중생들의 번뇌를 소멸하게 한다. 그래서 법운지이다.

8) 신통神通을 보이다

신통시현변시방
神通示現徧十方하야

초출인천세간경
超出人天世間境하며

부과시수무량억
復過是數無量億하니

세지사유필미민
世智思惟必迷悶이로다

신통을 나타내어 시방에 두루 하여
인간과 천상과 세상 경계를 뛰어났으며
이보다 더 많아서 한량없는 억이라
세상 지혜로 생각하면 반드시 그 마음이 아득하도다.

법운지 보살이 신통을 나타내어 보이는 것을 밝혔다. 신통이 시방세계에 두루 하여 인간과 천상과 세상 경계를 초월하였다. 신통이 무수며 무량이라 세상 사람의 지혜로는 아무리 생각해도 캄캄할 뿐이다.

> 일거족량지공덕
> **一擧足量智功德**을
> 하황일체제중생
> **何況一切諸衆生**과
> 내지구지불능지
> **乃至九地不能知**어든
> 급이성문벽지불
> **及以聲聞辟支佛**가

발 한 번 드는 동안의 지혜와 공덕을
제9지 보살들도 알 수 없는데
하물며 일체 모든 중생이나
성문聲聞이나 벽지불辟支佛이 어찌 알리오.

법운지 보살의 신통은 그 보살이 발을 한 번 드는 동안의 지혜와 공덕이 얼마인지를 제9지 보살들은 알 수 없는 경지이다. 하물며 일체 모든 중생이나 성문이나 벽지불들이 어찌 알 수 있겠는가.

9) 과위果位를 밝히다

차지보살공양불　　　시방국토실주변
此地菩薩供養佛에　　**十方國土悉周徧**하며

역공현전제성중　　　구족장엄불공덕
亦供現前諸聖衆하야　**具足莊嚴佛功德**이로다

이 지위의 보살들이 부처님께 공양하고
시방의 모든 국토를 두루 다니며
또한 현전의 모든 성인께도 공양하여
부처님의 공덕을 구족하게 장엄하도다.

십지의 과위를 밝혔다. 이 지위의 보살은 시방의 모든 국토 부처님께 두루 공양 올리고, 또한 현전의 모든 성인이나 현인이나 아라한이나 벽지불이나 일체 선지식께도 그와 같이 한다. 그래서 부처님과 같은 공덕을 원만하게 장엄한다.

주어차지부위설　　　삼세법계무애지
住於此地復爲說　　　**三世法界無礙智**하고

중생국토실역연	내지일체불공덕
衆生國土悉亦然하며	**乃至一切佛功德**이로다

이 지위에 머물러서는 다시
삼세와 법계에서 걸림 없는 지혜를 연설하고
중생과 국토들도 다 그러하며
일체 부처님의 공덕에까지 이르도다.

또 이 지위에 머문 보살은 과거 현재 미래와 온 법계에서 걸림이 없는 지혜를 연설하고, 모든 중생의 국토와 일체 부처님의 공덕에 대해서도 널리 연설한다.

차지보살지광명	능시중생정법로
此地菩薩智光明으로	**能示衆生正法路**하니
자재천광제세암	차광멸암역여시
自在天光除世闇이어든	**此光滅闇亦如是**로다

이 지위에 있는 보살들이 지혜 광명으로
중생에게 바른 법의 길을 보여 주나니
자재천의 광명은 세간 어둠 소멸하고

이 광명도 그와 같이 어둠을 소멸하도다.

십지의 보살이 지혜의 광명으로 중생들에게 바른 법의 길을 보여 주어 일체 어리석음의 어둠을 다 소멸한다. 그것은 마치 자재천의 광명이 세간의 어둠을 소멸하는 것과 같다.

주차다작삼계왕
住此多作三界王하야

선능연설삼승법
善能演說三乘法하며

무량삼매일념득
無量三昧一念得하고

소견제불역여시
所見諸佛亦如是로다

이 지위에 머물러서는 삼계의 왕이 되어
삼승三乘의 모든 법문을 연설하고
잠깐 동안에 한량없는 삼매를 얻으며
모든 부처님을 친견함도 이와 같도다.

제10지에 머물러서는 세속에서는 흔히 욕계와 색계와 무색계의 왕이 되어 삼승의 법을 잘 연설한다. 또 잠깐 동안에 한량없는 삼매를 얻고, 잠깐 동안에 모든 부처님을 친견한다.

차 지 아 금 이 약 설   약 욕 광 설 불 가 진
此地我今已略說호니 **若欲廣說不可盡**이라

이 지위에 대하여 지금 대강 말했거니와
만약 전부를 말하자면 끝이 없도다.

법운지에 대한 내용을 지금까지 간략히 설하였다. 만약 자세히 설한다면 아무리 많이 오래 설한다 하더라도 끝내 다할 수 없다.

10) 산의 비유

여 시 제 지 불 지 중   여 십 산 왕 억 연 주
如是諸地佛智中에   **如十山王嶷然住**로다

이와 같은 모든 지위는 부처님의 지혜 가운데
열 가지 산처럼 우뚝 솟았도다.

장문에서 십지를 낱낱이 산에 비유한 것을 다시 게송으로 거듭 설하였다.

초 지 예 업 불 가 진   비 여 설 산 집 중 약
初地藝業不可盡이   **譬如雪山集衆藥**하며

이 지 계 문 여 향 산   삼 여 비 타 발 묘 화
二地戒聞如香山하며   **三如鞞陀發妙華**하며

초지는 온갖 예술 끝이 없어서

설산에 여러 약초 모이듯 하고

제2지는 계율과 다문多聞이 향산香山과 같고

제3지는 비타리산에 묘한 꽃 피듯 하도다.

염 혜 도 보 무 유 진   비 여 선 산 인 선 주
焰慧道寶無有盡이   **譬如仙山仁善住**하며

오 지 신 통 여 유 건   육 여 마 이 구 중 과
五地神通如由乾하며   **六如馬耳具衆果**하며

염혜지焰慧地는 도道의 보배 다함이 없어

신선산에 어진 이들 머문 것 같고

제5지는 신통이 뛰어나 유건산 같고

제6지는 마이산에 과일이 많은 듯하네.

칠 지 대 혜 여 니 민
七地大慧如尼民하며

팔 지 자 재 여 윤 위
八地自在如輪圍하며

구 여 계 도 집 무 애
九如計都集無礙하며

십 여 수 미 구 중 덕
十如須彌具衆德이로다

제7지의 큰 지혜는 니민다라산 같고

제8지의 자재함은 윤위산 같고

제9지는 계도말저산이 걸림 없듯 하고

제10지는 수미산처럼 모든 덕德 구족했네.

이와 같이 열 개의 산에 십지를 각각 비유하여 밝혔다. 산들이 모두 특징이 있어서 십지의 특징과 연관시켰으나 열 개의 산이 어디에 실재하는 산인지는 상고할 길이 없다. 다만 경문에 설명한 대로 그 산에 그와 같은 특징이 있는 것으로 알고 십지의 법을 다시 반복하는 것으로 삼을 뿐이다.

11) 바다의 비유

초 지 원 수 이 지 계
初地願首二持戒며

삼 지 공 덕 사 전 일
三地功德四專一이며

오 지 미 묘 육 심 심 　　　　칠 광 대 혜 팔 장 엄
五地微妙六甚深이며　　　**七廣大慧八莊嚴**이며

초지初地는 서원誓願이요 제2지는 계율이며

제3지는 공덕이요 제4지는 정진이라

제5지는 미묘하고 제6지는 깊고 깊어

제7지는 넓은 지혜 제8지는 장엄이라.

구 지 사 량 미 묘 의　　　　출 과 일 체 세 간 도
九地思量微妙義가　　　**出過一切世間道**며

십 지 수 지 제 불 법　　　　여 시 행 해 무 진 갈
十地受持諸佛法이니　　**如是行海無盡竭**이로다

제9지에서는 미묘한 뜻을 헤아려

일체 세간의 모든 길을 뛰어났으며

제10지에선 모든 부처님의 법을 받아서

이러한 수행修行바다 다함이 없도다.

다시 십지를 낱낱이 바다에 비유하여 그 덕을 밝혔다. 앞에서 산에 비유한 것과 크게 같고 조금 다를 뿐이다. 산은

각 지위마다 산이 다르지만 바다는 하나의 바다에 열 가지 특징이 있어 열 가지 지위를 비유하였다.

12) 마니주의 비유

十行超世發心初요　　持戒第二禪第三이며

行淨第四成就五요　　緣生第六貫穿七이며

열 가지 행 세간을 뛰어나니 초지는 발심이요
계율은 제2지요 선정은 제3지며
깨끗한 행은 제4지요 성취는 제5지며
12인연은 제6지요 꿰는 건 제7지로다.

第八置在金剛幢이요　　第九觀察衆稠林이며

第十灌頂隨王意니　　如是德寶漸淸淨이로다

제8지는 금강의 당기 위에 두는 듯하고
제9지는 빽빽한 숲을 관찰하는 것이라
제10지의 관정灌頂위는 왕의 뜻을 따라
이와 같이 공덕보배 점점 청정하도다.

다시 십지를 마니주에 비유하여 그 덕을 밝혔다. 이 위대하고 위대한 십지 법문을 끝내면서 십지의 덕을 돌아보니 끝내기에는 아쉬움이 많아 세상에서 가장 아름다운 마니구슬에 한 번 더 그 빛나는 덕을 비유해 본다. 경전의 장문에서는 마니구슬에 대해서 이와 같이 설하였다. "하나는 큰 바다에서 나왔고, 둘은 훌륭한 기술자가 다스렸고, 셋은 둥글고 원만하여 흠이 없고, 넷은 청정하여 때가 없고, 다섯은 안팎이 투명하게 밝으니라. 여섯은 교묘하게 구멍을 뚫었고, 일곱은 보배실로 꿰었고, 여덟은 유리로 만든 당기幢旗 위에 달았고, 아홉은 갖가지 광명을 널리 놓고, 열은 왕의 뜻을 따라 여러 가지 보물을 비처럼 내려서 중생들의 마음과 같이 소원을 만족케 하느니라." 이와 같이 밝혔으나 어찌 십지의 덕이 억만 분의 일인들 비유될 수 있겠는가.

13) 무진공덕無盡功德으로 총결하다

시 방 국 토 쇄 위 진　　　가 어 일 념 지 기 수
十方國土碎爲塵이라도　**可於一念知其數**며

호 말 탁 공 가 지 량　　　억 겁 설 차 불 가 진
毫末度空可知量이어니와　**億劫說此不可盡**이로다

시방 국토 부수어 미세먼지 된 것은
한 생각에 그 수효 다 알 수 있으며
털끝으로 허공을 헤아려 다 안다 하여도
억겁 동안에도 십지 공덕은 다 설할 수 없도다.

십지의 법을 설하여 마치면서 그 공덕이 다함이 없음을 말하여 모두 결론지었다. 예컨대 내가 사는 이곳 금정산 하나만 부수어 미세먼지로 만들더라도 그 수효가 얼마나 많을까. 그런데 시방국토를 다 부수어 미세먼지로 만들었다고 하자. 그랬을 때 그 미세먼지의 수효가 도대체 얼마나 될까. 그것을 1년도 아니고 10년도 아니고 100년도 아닌 1초보다도 짧은 한순간에 다 헤아려 아는 능력이 있다 하더라도 이 십지 법문의 다함없는 공덕은 억만 년이 걸려도 다 설

명할 수가 없다.

 또 작은 털끝으로 저 드넓은 허공이 얼마나 넓은지 순식간에 헤아려 다 아는 능력이 있다 하더라도 이 십지의 다함없는 공덕은 억만년이 걸려도 다 설명할 수 없다. 이 십지의 공덕이 그러려니와 일체 불법의 모든 공덕이 또한 그와 같으며, 차별 없는 참사람의 무한한 능력과 그 공덕도 또한 그와 같음을 깊이 알아야 할 것이다.

십지품 끝

〈제39권 끝〉

華嚴經 構成表

分次	周次		內容	品數	會次
舉果勸樂生信分 (信)	所信因果周		如來依正	世主妙嚴品 第一 如來現相品 第二 普賢三昧品 第三 世界成就品 第四 華藏世界品 第五 毘盧遮那品 第六	初會
修因契果生解分 (解)	差別因果周	差別因	十信	如來名號品 第七 四聖諦品 第八 光明覺品 第九 菩薩問明品 第十 淨行品 第十一 賢首品 第十二	二會
			十住	昇須彌山頂品 第十三 須彌頂上偈讚品 第十四 十住品 第十五 梵行品 第十六 初發心功德品 第十七 明法品 第十八	三會
			十行	昇夜摩天宮品 第十九 夜摩天宮偈讚品 第二十 十行品 第二十一 十無盡藏品 第二十二	四會
			十迴向	昇兜率天宮品 第二十三 兜率宮中偈讚品 第二十四 十迴向品 第二十五	五會
			十地	十地品 第二十六	六會
			等覺	十定品 第二十七 十通品 第二十八 十忍品 第二十九 阿僧祇品 第三十 如來壽量品 第三十一 菩薩住處品 第三十二	七會
		差別果	妙覺	佛不思議法品 第三十三 如來十身相海品 第三十四 如來隨好光明功德品 第三十五	
	平等因果周	平等因		普賢行品 第三十六	
		平等果		如來出現品 第三十七	
托法進修成行分 (行)	成行因果周		二千行門	離世間品 第三十八	八會
依人證入成德分 (證)	證入因果周		證果法門	入法界品 第三十九	九會

(資料:文殊經典研究會)

會場	放光別	會主	入定別	說法別舉
菩提場	遮那放齒光眉間光	普賢菩薩為會主	入毘盧藏身三昧	如來依正法
普光明殿	世尊放兩足輪光	文殊菩薩為會主	此會不入定,信未入位故	十信法
忉利天宮	世尊放兩足指光	法慧菩薩為會主	入無量方便三昧	十住法門
夜摩天宮	如來放兩足趺光	功德林菩薩為會主	入菩薩善思惟三昧	十行法門
兜率天宮	如來放兩膝輪光	金剛幢菩薩為會主	入菩薩智光三昧	十迴向法門
他化天宮	如來放眉間毫相光	金剛藏菩薩為會主	入菩薩大智慧光明三昧	十地法門
再會普光明殿	如來放眉間口光	如來為會主	入剎那際三昧	等妙覺法門
三會普光明殿	此會佛不放光,表行依解法依解光故	普賢菩薩為會主	入佛華莊嚴三昧	二千行門
祇陀園林	放眉間白毫光	如來善友為會主	入獅子頻申三昧	果法門

如天 無比

1943년 영덕에서 출생하였다. 1958년 출가하여 덕흥사, 불국사, 범어사를 거쳐 1964년 해인사 강원을 졸업하고 동국역경연수원에서 수학하였다. 10여 년 선원생활을 하고 1976년 탄허 스님에게 화엄경을 수학하고 전법, 이후 통도사 강주, 범어사 강주, 은해사 승가대학원장, 대한불교조계종 교육원장, 동국역경원장, 동화사 한문불전승가대학 원장 등을 역임하였다.

2018년 5월에는 수행력과 지도력을 갖춘 승랍 40년 이상 되는 스님에게 품서되는 대종사 법계를 받았다. 현재 부산 문수선원 문수경전연구회에서 150여 명의 스님과 300여 명의 재가 신도들에게 화엄경을 강의하고 있다. 또한 다음 카페 '염화실(http://cafe.daum.net/yumhwasil)을 통해 '모든 사람을 부처님으로 받들어 섬김으로써 이 땅에 평화와 행복을 가져오게 한다.'는 인불사상人佛思想을 펼치고 있다.

저서로 『무비 스님의 유마경 강설』(전 3권), 『대방광불화엄경 실마리』, 『무비 스님의 왕복서 강설』, 『무비 스님이 풀어 쓴 김시습의 법성게 선해』, 『법화경 법문』, 『신금강경 강의』, 『직지 강설』(전 2권), 『법화경 강의』(전 2권), 『신심명 강의』, 『임제록 강설』, 『대승찬 강설』, 『당신은 부처님』, 『사람이 부처님이다』, 『이것이 간화선이다』, 『무비 스님과 함께하는 불교공부』, 『무비 스님의 중도가 강의』, 『일곱 번의 작별인사』, 무비 스님이 가려 뽑은 명구 100선 시리즈(전 4권) 등이 있고 편찬하고 번역한 책으로 『화엄경(한글)』(전 10권), 『화엄경(한문)』(전 4권), 『금강경 오가해』 등이 있다.

대방광불화엄경 강설 제39권

| 초판 1쇄 발행_ 2016년 4월 21일
| 초판 3쇄 발행_ 2021년 7월 10일

| 지은이_ 여천 무비(如天 無比)
| 펴낸이_ 오세룡
| 편집_ 박성화 손미숙 유나리
| 기획_ 최은영 곽은영
| 디자인_ 고혜정 김효선 장혜정
| 홍보 마케팅_ 이주하
| 펴낸곳_ 담앤북스
　　　서울특별시 종로구 새문안로3길 23 경희궁의 아침 4단지 805호
　　　대표전화 02)765-1251 전송 02)764-1251 전자우편 damnbooks@hanmail.net
　　　출판등록 제300-2011-115호
| ISBN　978-89-98946-99-9　04220

정가 14,000원

ⓒ 무비스님 2016